Knowledge House & Walnut Tree Publishing

Knowledge House & Walnut Tree Publishing

政治鐵娘子：慈禧太后

自序

這本書，是我在電視臺所作慈禧講演的原稿基礎上整理而成。內容和評議均未改動，只在文字上稍有修潤。因為由講稿成書，所以體裁上類似已故史學前輩黎東方教授開創的「講史體」，多講史實，略有評議。

慈禧這個女人，一生三次垂簾聽政，掌權長達四十七年。她主政時，做了很多禍國殃民的壞事，也實施過不少有利於愛新覺羅氏皇朝長治久安、有利於晚清中國社會進步的舉措。她一死，清王朝只有三年便垮臺了，很值得人們深思。以往的評論，往往對她徹底否定，把她妖魔化，一棍子打死。她成了近代一個十惡不赦的妖婆。這樣的評價，是不是公正，是不是符合歷史事實？她到底是怎樣一個人？

本書根據可靠史料，還慈禧本來面目。力求客觀公正地把她的所作所為，擇要告訴讀者諸君，讓各位認知後自己作出評議。我在書中的若干看法，僅供各位參考，也期望批評賜教。在我看來，評論歷史人物，特別像慈禧這類複雜的「問題人物」，決非由哪個專家說了算，可以一錘定音的。學術是天下公器，誰都可以根據真實可信的資料進行研究，發表自己的看法。

但願這本書能得到大家的關注和喜歡。謝謝。

沈渭濱序於蒲溪抱墨軒

二〇一一年十月

目錄

應選入宮

那拉氏憑藉容貌與才識，以秀女中選，從後宮眾多佳麗中脫穎而出，為咸豐帝寵幸。後來，又以生子而貴，在後宮嶄露頭角，開始朝權力的峰巔一步步邁進。

應選入宮

她，一個後宮的女子，走上前臺，撐起了搖搖欲倒的王朝。面對複雜的宮廷權謀，她，牢牢把持晚清政壇四十七年。在人們的眼裡，她被貼上了殘暴、專橫、昏庸、賣國的標籤，這是歷史上真實的慈禧形象嗎？

關於慈禧，有各種不同的說法，野史也好，正史也好，筆記也好，傳說也好，甚至於戲說也好，說法各不相同。那麼究竟慈禧的真相是什麼呢？她又是怎麼樣一步一步從一個秀女爬上掌控清王朝四十多年的政治舞臺的呢？我感覺到有正說的必要，我給大家講的正是一個真實的慈禧。我們現在就從慈禧是怎樣入宮的開始。

慈禧是怎樣入宮的呢？到目前為止影響最大的是下面一段故事：

故事說：慈禧生長在江南，在咸豐初年的時候，被選到圓明園當宮女，被編在「桐蔭深處」這個地方。有一

圓明園碧桐書院

慈禧太后像

次，咸豐皇帝到圓明園去，走著走著，突然聽到有人在唱南方小曲。這個南方小曲，就是我們現在講的崑曲。咸豐帝很喜歡聽崑曲，聽到這個曲調，感到好奇，是誰在唱？第二天他又到「桐蔭深處」去，又聽到有人在唱崑曲。他就問隨從：唱歌的人是誰？隨從說是蘭兒，蘭兒是慈禧的小名。於是咸豐帝就把蘭兒叫過來，問了幾句話以後，就讓她坐在廊欄上唱歌。咸豐帝聽了一會兒，感覺到口渴要喚茶，可是那個時候，太監都不在，於是蘭兒自己沏茶給咸豐帝喝。從此以後，蘭兒被咸豐帝看中了。

慈禧御筆魚軸

這段故事聽起來好像細緻入微，其實很多地方是有問題的。

在真實的歷史中，慈禧有著怎樣的身世？她又是以何種身份踏入清宮這扇大門的？

說慈禧入宮之初僅僅是宮女，完全與選秀女制度不符。我們知道，清代選入宮中的女子有兩種：一種是秀女，是八旗做官人家的女兒，被選中以後，就封為嬪妃留在宮中，永遠不准再嫁。一種是宮女，是內務府包衣的女兒，她們被選中入宮以後是婢女。這兩種入宮女子的身份完全不一樣，前面一個是主子，後面一種是奴婢。雖然作為奴婢的宮女，也可以在皇帝過幸以後成為妃子，但是，一般的情況下，如果不受到皇帝過幸的話，她就不能夠一直留在宮裡，要退到本家去，可以再嫁。

那麼慈禧進宮的時候，到底是秀女還是宮女呢？為什麼說剛才那一段說法不符合歷史真相？那我們就要看一看慈禧的家庭出身了。清朝檔案記載：

慈禧祖籍葉赫，就是現在吉林省梨樹縣一帶，滿洲鑲藍旗人，叫葉赫那拉氏，生於道光十五年十月初十日，也就是一八三五年十一月二十九日，比咸豐皇帝小四歲。

葉赫那拉氏的上三代都是清朝的中級官員。入宮以前，她住在北京四牌樓劈柴胡同。葉赫那拉氏年幼時家裡曾經發生過一次重大的變故。原來在她曾祖父的時代，道光皇帝發現戶部庫銀短缺，帳面上的記錄和實際存銀數量相差九百二十五萬兩之多。道光帝斷定這個差額肯定是被庫丁貪污了，於是就查貪污，可是沒有查出來。道光帝不願意有這麼大的帳面虧空，就下令曾經擔任過戶部庫員的官員全部都要賠銀子，並且按照他在職的年份，每個月罰銀一千二百兩。假如這個人已經去世，則由他的子孫減半代賠。慈禧的曾祖父在道光朝中期做過銀庫的員外郎，一共做過三年，應該賠銀四萬三千二百兩。但是他已經死了，因此按照規定減半，賠銀二萬一千六百兩。這個賠銀誰來賠？他的兒子，就是葉赫那拉氏的祖父，並限他兩年以內賠完。但是葉赫那拉氏的祖父景瑞超過了期限還沒有賠到應該賠的數目，所以他被關進監牢。葉赫那拉氏的父親惠征看到自己的老爸進監獄了，他就不得不變賣家產，把老爸從牢裡保了出來。那個時候，葉赫那拉氏已經十三歲了。經這一次變故，可以說家道中衰，生活比較拮据了。

在十七歲那年葉赫那拉氏被選中進入皇宮，可以說這件事就成了經濟拮据家庭的一種解脫，也為她一家平步青雲奠定了重要的契機。咸豐二年，也就是一八五二年，當那拉氏被選進宮中封為蘭貴人的時候，她的父親剛剛從山西歸綏道卸任回來，興高采烈地把女兒送到宮裡，又趾高氣揚地帶著家眷南下，到安徽蕪湖去接任池寧太道。可是好景不長，咸豐三年，太平天國興起，沿江東下，她的父親惠征帶著印信逃到了鎮江，因此被朝廷開缺。這一年的六月，他死在鎮江，終年只有四十九歲。那個時候的慈禧早已經入宮，不能南下奔喪。這就是慈禧的身世。

我們瞭解這一段家世以後，就明白慈禧是以八旗官員的女兒應選入宮的，所以她不是宮女，而是秀女。講得通俗一點，就是皇帝的妾，而不是在宮裡面做奴婢的婢女。

十七歲的慈禧憑藉青春可人的容貌被選入宮，封為蘭貴人。但是在佳麗雲集的後宮，她如何脫穎而出，博得咸豐帝的寵幸呢？

在真實的歷史中，慈禧是怎樣進宮的呢？這就要從咸豐元年講起了。咸豐元年，也就是西元一八五一年，登基不到一年的咸豐皇帝奕詝，下令要選秀女了。按照規定，這次選秀女的年代雖然是在咸豐元年，但是真正選看的日期卻在第二年的二月初七、初八兩天。

初七那一天天氣寒冷，西北風不斷地刮，很大的一個御花園顯得肅殺陰沉，秀女們一個個凍得渾身戰抖，其中一個姓葉赫那拉的十七歲姑娘，卻頂著嚴寒打起精神，和別人不一樣。輪到她那一排進宮看選的時候，她非常鎮定自若，走到坤寧宮，垂手而立。年輕的咸豐皇帝看到這個女子，心裡非常喜歡。當時歷史書描寫，這個女子的容貌是怎麼樣的呢？

廣額豐頤，明眸隆準，眉目如畫，櫻口又適稱其鼻。

也就是說，慈禧那個時候相當漂亮，所以咸豐帝非常中意，就把那一塊寫有旗別、姓氏、家庭出身的綠頭木牌留了下來，其餘四個秀女的牌子都撩了。這個在史書上叫留牌子和撩牌子。留牌子的，就定期複看，看中了便賜予封號，留在宮內或者指配宗室皇親。撩牌子的，就表示落選了，以後可以自由婚嫁。慈禧被留牌子，也就是說基本被看中了。經過初八日複看以後，這個姓葉赫那拉的十七歲姑娘最終被選中。這一年的二月十一日，這位姑娘被封為蘭貴人，隨後咸豐帝下命令讓她在五月初九日到宮內來，這個人就是後來的慈禧太后。

咸豐帝生性風流，見異思遷，卻唯獨對慈禧情有獨鍾。慈禧身上的什麼特點吸引了咸豐帝？她又是如何使自己連升四級，成為後宮的二號人物的？

這次選秀女，咸豐帝儘管選上了葉赫那拉氏，但是，在這次所選秀女中，他最中意的卻不是那拉氏，而是誰呢？是廣西右江道穆揚阿的女兒鈕祜祿氏。這個穆揚阿的女兒當時只有十五歲，長得雖然一般，但是體態端正，敦厚賢淑。那一天選中以後，跟那拉氏一樣，二月十一日一道進宮。她入宮以後的封號是嬪，我們知道嬪比貴人高了一級。不到兩個月，四月二十七日，她被冊立為皇后，這個人就是後來我們常常說的慈安太后。

那麼那拉氏怎麼樣呢？她入宮以後，據說很快就得到皇貴太妃的喜歡。而實際上，那拉氏的才能，確實遠遠在皇后鈕祜祿氏之上。據說，她十五、六歲的時候，五經成誦，通滿文，《二十四史》也流覽過，而且會書法和繪畫，因此很快就得到了咸豐帝的歡心。前面說過，咸豐帝是一個風流儒雅的皇帝，喜歡醇酒美人，他本身也善於繪畫，更愛聽南方的小曲。那拉氏生得漂亮，懂得書畫，她的水準雖然沒有皇帝高，但是比起宮裡那些對此一竅不通的宮女來，足可使年輕的皇帝另眼相看。

那拉氏入宮以後，很快就得到皇帝的寵幸，這是事實。我們根據清宮內務府檔案的記載來看，咸豐三年（一八五三），後宮裡面有皇后、雲嬪、蘭貴人、麗貴人、婉貴人、伊貴人、容常在、鑫常在、明常在、玫常在十位后妃。蘭貴人那拉氏排名第三，可見咸豐帝對她的寵幸。入宮以後，那拉氏在咸豐四年（一八五四）二月晉封為懿貴人，不久就封為懿嬪，成為入宮女子中除皇后以外第一個獲得晉封的人。到咸豐五年（一八五五）正月，排在第二位的雲嬪武佳氏死了，那拉氏就升到了第二位。咸豐六年（一八五六）三月，慈禧生了一個兒子即後來的同治皇帝，被晉封為懿妃。當時皇后鈕祜祿氏以及其他的嬪妃都沒有生兒子。這樣慈禧又被封為懿貴妃。她的地位就牢牢地奠定了。

她在生兒子的第二年被封為懿貴妃，這個地位在宮裡面怎麼算呢？應該說，懿貴妃這個地位，在宮內已經是第三級了。我們知道清代後宮的制度，有三等九級。第一級是攝行六宮事，也就是說管理六宮的事務，第二級是皇貴妃，第三級是貴妃，第四級是妃，第五級是貴嬪，接下來是嬪、貴人、常在、答應。這九個級別一般都需要逐級升遷。而那拉氏入宮的時候是貴人，屬於第七級，生了兒子以後，晉封為懿貴妃，屬於第三級，她晉升的速度是很快很快的。

可以這樣說，如果後來沒有英法聯軍打到北京，沒有咸豐帝帶著慈禧一起逃到熱河，那麼當時的那拉氏（也就是後來的慈禧）充其量只能在宮內享盡她的榮華富貴，再後來是老死宮內。但是發生在咸豐十年（一八六〇）的一場戰亂，打破了慈禧的正常生活，也改變了她的命運。

咸豐帝之死

一八六〇年，咸豐帝在英法聯軍侵華戰爭中倉惶出逃，次年病死於熱河行在。臨死前將小皇帝托孤給八位顧命大臣，從而埋下了兩宮太后與顧命大臣權力之爭的禍根，這場權力之爭的實質究竟是什麼？慈禧太后準備怎樣奪回愛新覺羅氏皇統的最高權力？

咸豐帝之死

慈禧在少女時代被選入宮，不久便憑藉容貌和才識從後宮佳麗中脫穎而出。這位集萬千寵愛於一身的後宮婦人，因為一場戰亂，從此在男人主宰的朝廷中嶄露頭角、大顯身手，朝著權力的巔峰一步步邁進。

咸豐皇帝

慈禧入宮以後，清王朝一直是處在非常危難的狀態之中。內有太平天國起事，而且太平天國的北伐軍一度打到天津；外有列強的勒索，因為他們感覺到第一次鴉片戰爭勒索得太少，於是要繼續勒索清政府。這樣在一八五八年的時候，英法聯軍打到了天津，讓清政府簽訂了屈辱的《天津條約》。可是列強還不滿意，條約的墨蹟未乾，他們又繼續進攻，要打到北京去。這個時候，北京一片慌亂，咸豐帝沒有辦法阻止列強打進來，怎麼辦呢？他只能逃跑。

一八六〇年，咸豐帝聽到通州僧格林沁軍隊打敗的消息以後，決意逃到熱河行宮去。熱河行宮在哪裡呢？在現在的承德，我們現在所看到的避暑山莊就是承德的行宮。一八六〇年農曆八月初八日，咸豐皇帝在圓明園匆忙吃完了兩個雞蛋，就帶著皇后鈕祜祿氏、懿貴妃那拉氏（慈禧）以及一批親信往熱河行宮逃去了。

咸豐帝逃到熱河行宮以後，馬上被避暑山莊的風景迷住了。這個避暑山莊經清王朝多年經營，景色確實漂亮，具有江南水鄉的格調。咸豐帝在這樣一個山靜水幽、遠離戰

承德避暑山莊

場的避暑山莊中，好像身入桃源，心遊仙境，整天聽戲酗酒，早把出逃的事情忘得一乾二淨。

咸豐帝是八月到避暑山莊的，過了春節仍然不願意回去。本來就很好色的咸豐帝整天聲色犬馬，把身體弄得很差。到了咸豐十一年六月中旬，也就是一八六一年七月中旬，咸豐帝發病了，熱河行宮頓時慌亂起來。御醫們給他診斷服藥，咸豐帝接連躺了十多天，到七月初略微有些好轉，但是他仍然看戲打獵，到了七月十五日，病一發不可收拾，連奏摺也看不動了。第二天晚飯後，他突然暈倒在地，一直到晚上才醒過來。到十六日子初三刻，也就是這一天晚上的十一點四十五分左右，他覺得自己將不久於人世，於是要安排後事。

他召集了逃到熱河行宮的一批御前大臣，向他們託付後事，發了兩道聖旨，一道是立皇長子載淳為皇太子，一道是讓載垣、肅順等八個人來輔佐皇太子。

咸豐十一年七月十六日奉朱筆：皇長子載淳現立為皇太子，著派載垣、端華、景壽、肅順、穆蔭、匡源、杜翰、焦祐瀛盡心輔弼，襄贊一切政務。特諭。（《咸豐帝遺詔》）

這個時候已經是第二天的早晨，御膳房上了冰糖燕窩，咸豐皇帝喝了幾口就「龍馭上賓」。他死的時間是農曆七月十七日卯時，也就是西曆八月二十二日早晨五點到七點之間，享年三十歲，在位十一年。

皇帝一死，皇太子載淳就即位了。第二天襄贊政務的八大臣，上皇后鈕祜祿氏尊號叫「母后皇太后」，十九日上懿貴妃那拉氏尊號為「聖母皇太后」。這裡要說一下，皇長子載淳的生母，應該是懿貴妃那拉氏，但是「母后皇太后」這個封號給了慈安太后，而真正的母親卻封為「聖母皇太后」。

封號一上，雖說是兩宮都是太后，但是因為正庶的分別，上尊號的時間差一天，這就顯出來一種等級制度。但不管怎麼樣，那拉氏總算母以子貴，由貴妃晉為太后，朝著權力的巔峰邁出了極其重要的一步。

咸豐帝駕崩以後，慈禧太后等人和八位顧命權臣爭奪權力，互不相讓。慈禧的政治勁敵肅順是權臣陣營中的關鍵人物。肅順是什麼樣的人？他和慈禧的關係怎麼樣？

咸豐帝死了，清朝中央各派的政治力量，立即圍繞著「權」字明爭暗鬥起來。在鬥爭的過程中，有兩派不同的勢力，一派是以兩宮太后和小皇帝為一方，他們一直感覺皇權被八個顧命掌握在手裡，心有不甘。另外一派是以八顧命為主體的一派，其中起重要作用的就是肅順。

肅順這個人講起來很有意思，他是鄭親王烏爾恭阿的第六個兒子，端華的同父異母弟。他從道光十六年（一八三六）受封為輔國將軍以後，逐級晉升，成為御前大臣。這樣，他就成了跟皇帝零距離接觸的具有權勢的人。皇帝出行時，他走在皇帝的旁邊，打著宮燈，所以後來有人暗稱肅順為「宮燈」。這樣零距離地跟皇帝接觸，使得他成了當時令朝野側目的大臣。可是事情往往是這樣，你越權高勢重，得罪的人也就越多。當時朝內的官員對他的惡感與日俱增。

咸豐帝一死，以他為首的八個顧命，因為受到皇帝的托孤，人人都做起顧命的好夢。可是他們萬萬沒想到，兩宮太后，特別是慈禧太后，卻要拿下他們的腦袋。

咸豐帝在臨終前布下了一個政治迷局。他授命八位權臣輔佐皇太子，卻把具有權力象徵的兩枚印章留給了慈安和小皇帝。咸豐帝意圖讓兩宮太后牽制權臣，防止權臣篡權。然而咸豐帝萬萬不會想到，正是他的安排激發了慈禧對權力的強烈欲望。

前面提到，咸豐皇帝死後，宮內有兩種不同的勢力。一方面是兩宮太后跟小皇帝，一方面是肅順等八個顧命大臣。兩宮太后是女流之輩，年紀又輕，當時慈安太后鈕祜祿氏只有二十四歲，慈禧太后那拉氏只有二十六歲，小皇帝僅僅只有六歲。而另外一方面的八個顧命大臣，都是政治經驗豐富的權臣。這樣兩方面的矛盾是圍繞著什麼展開的呢？一個字——「權」。

在這個過程中，兩宮太后特別是慈禧太后，她的態度非常堅決。她感覺到，雖然自己的兒子成了皇帝，但年紀很小，權力實際掌握在八個顧命大臣的手裡，而八個顧命大臣又都是飛揚跋扈之人，將來皇權很有可能旁落。於是，她就跟正宮娘娘也就是慈安太后商量，說這樣下去不行，還不如讓我們兩個人來垂簾聽政。

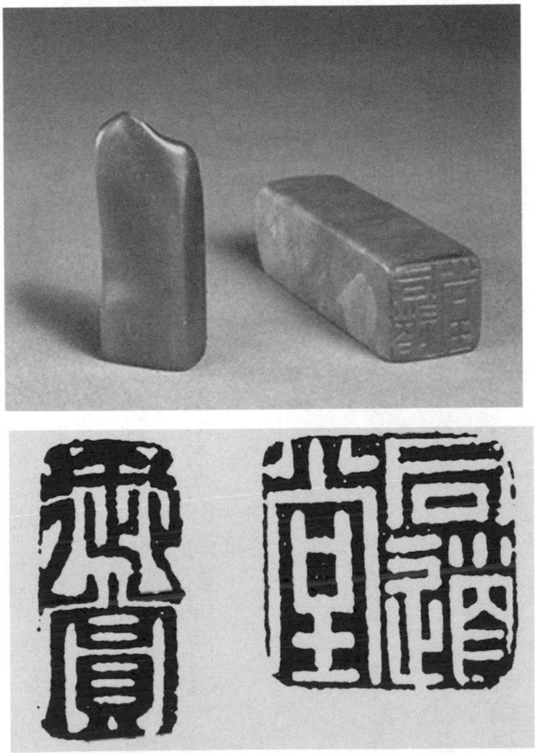

「御賞」「同道堂」印

在清代歷史上，沒有垂簾聽政的事，她怎麼會想到垂簾聽政呢？原來，咸豐皇帝在臨死以前，儘管把權力託付給八個顧命，但是他又做了一件前人所沒有做過的事情，就是將兩枚印章分別給了慈安太后和小皇帝。給慈安太后的一枚印章叫「御賞」，另外一枚印章叫「同道堂」，給了小皇帝。小皇帝太小不能用印，於是「同道堂」這枚印章實際由慈禧太后掌管。

他規定如果大臣們有奏章上來，皇后慈安太后用御賞印蓋在奏章的前面，兒子用同道堂印蓋在奏章的後面，作為兩宮太后裁決，然後發下去。如果兩宮太后不同意報上來的奏章，可以不蓋印，或者把它們留在宮內不發下去。這樣的做法很明顯，就是為了防止八顧命篡權。換句話說，在皇帝臨死以前，他已經做了這樣的佈局，就是讓兩宮太后有裁決的權力。這樣的做法已經是垂簾和顧命兼而有之，所以慈禧會向慈安太后提出來，皇權旁落，我們不如垂簾。而兩宮太后如果要垂簾，就會使八顧命的顧命權受到影響，於是兩方面就圍繞著一個「權」字鬥了起來。

同樣身為太后，慈禧的才能學識遠遠超出了平庸無能的慈安，表現出了卓越的政治才幹。個性張揚的慈禧經常在咸豐帝面前發表自己的政見。一個女人喜歡在丈夫面前表現自己，這種人之常情卻險些給慈禧招來殺身之禍。

為什麼那拉氏表現得非常積極呢？一方面她的才能遠遠超過慈安太后鈕祜祿氏。鈕祜祿氏不問政事，說白了就是無能。而慈禧太后非常有才幹，還在咸豐皇帝病重的時候，皇帝就讓她代自己批答奏章，所以從才能來說，慈禧要高於慈安。從品性來說，慈安是平和的，慈禧是比較張揚的。

此外，慈禧跟肅順的矛盾由來已久。早在咸豐帝逃離北京之前，他們就已經產生矛盾了。咸豐帝即位於亂世，他在位十一年間，清王朝正處在內憂外患之中，沒有一天安寧，他曾經也想努力過，可是到了後來，很多地方被兵亂所困，那麼混亂的局面，他沒法管好國家。後來竟至不願再管，也不願再看奏章，採取了今朝有酒今朝醉的辦法，以醇酒美人來痲痺自己。

鉤戈夫人

咸豐帝自己不願意處理日常政務，可是大量的奏章送上來需要批答，怎麼辦？咸豐帝在身體日漸衰弱的情況下，感覺到懿貴妃寫的字還比較端正，因此讓懿貴妃代他批答奏章，這樣懿貴妃在批答奏章中瞭解到了國內的一些大事。日子一久，懿貴妃本人倒對朝廷政事有了些看法，於是不斷在咸豐皇帝面前發表自己的政見，這樣一來，咸豐帝反而警覺起來。

為此，咸豐皇帝曾經對皇后鈕祜祿氏講過，對懿貴妃你要小心。當然也有可能在不經意之間，向寵信肅順談起過自己的擔憂。肅順聽到皇帝的擔憂後，揣摩到皇帝對懿貴妃既愛又憂的心態，於是向皇帝建議說，你可以仿效漢武帝處決鉤弋夫人的辦法除掉懿貴妃，以免她貽害後世。這個鉤弋夫人是什麼人呢？鉤弋夫人是漢武帝的寵妃，名字叫趙婕妤，她為漢武帝生了一個兒子，就是後來繼位的昭帝弗陵。弗陵七歲的時候，長得高大，非常聰明，漢武帝看到了非常高興，說這個兒子很像我。他一心想把弗陵立為皇太子，但是他考慮到兒子還太小，擔心把兒子立為皇位繼承人以後，鉤弋夫人會因此弄權，所以藉故把她處死了。肅順用這個歷史故事向咸豐皇帝建議，既然你對她又愛又憂，那不如用這個辦法把她殺了，以免貽害後世。可是咸豐帝對肅順的說法有些猶豫，因為懿貴妃那拉氏畢竟是自己的寵妃，讓她代批奏章也是自己的主意。她固然好議論政事，但是也僅僅對自己說說而已，還沒有達到干政的地步，還沒有到了要殺她的程度。他下不了手，於是肅順的建議被擱置了下來。

然而天下沒有不透風的牆，君臣的這番密談，不知怎麼傳到了慈禧的耳朵裡。慈禧聽到以後又驚又怕又恨，從此就跟肅順結下了冤仇，只是因為皇帝在世，肅順得勢，她不敢發作而已。一旦皇帝駕崩，他們就圍繞著「權」字明爭暗鬥起來。於是八個權臣和孤兒寡母之間展開了殊死的鬥爭。

叔嫂聯盟

咸豐帝駕崩時，慈禧二十六歲，而小皇帝才剛剛六歲。孤兒寡母的他們與八位權臣爭奪權力顯得力不從心。為了避免皇權旁落，慈禧開始尋找政治同盟，準備發動宮廷政變。

叔嫂聯盟

咸豐帝駕崩時，慈禧二十六歲，小皇帝才剛剛六歲。孤兒寡母的他們與八位權臣爭奪權力顯得力不從心。慈禧為了避免皇權旁落，開始尋找政治同盟，準備發動宮廷政變。那麼慈禧找到的同盟者是誰？他們又是如何擺脫顧命大臣的阻撓而結成同盟的？兩派陣營關於能否垂簾聽政的第一次交鋒到底誰輸誰贏？

咸豐皇帝駕崩時，慈禧二十六歲，慈安二十四歲，小皇帝只有六歲。兩宮太后為了避免任人擺佈、皇權旁落，於是開始尋找政治同盟。找誰呢？最合適的就是恭親王奕訢了。

恭親王奕訢是咸豐帝同父異母的弟弟，道光皇帝的第六個兒子。咸豐帝奕詝則是道光皇帝的第四個兒子。奕詝十歲的時候，親生母親去世了，

道光皇帝像

從此交由奕訢的生母靜貴妃撫養。所以奕訢和奕詝兩兄弟從小關係非常親密，就像同胞弟兄一樣。

但是，長大以後，他們兩個人開始明爭暗鬥起來，這都是因為想要爭奪皇位繼承權。原來，道光皇帝的前三個兒子都死得早，老四奕詝就成了事實上的長子。但是老皇帝的心裡比較喜歡老六奕訢，老皇帝覺得奕訢比老四奕詝要聰明能幹。不過奕詝畢竟年長，一般的習慣都是把皇位傳給長子，所以道光皇帝在選擇誰來繼承皇位這個問題上非常猶豫。這個時候，兩兄弟也已覺察到了老皇帝的心思，所以兩人就暗中較起勁來。

有一次，道光帝命令所有的皇子到南苑去打獵，目的是希望暗中觀察皇子的為人，決定誰更合適接管江山。當時奕詝的老師杜受田向奕詝獻計說，今天打獵你千萬不要放箭，你

恭親王奕訢

可以對萬歲爺說，兒子之所以一箭未發，是因為不忍心傷害鳥獸的生命以喪天和，也無意於和弟兄們在短短的一天之內較量短長，顯示自己。奕詝於是按照師傅教導而行，老皇帝聽到以後非常感動，認為皇四子奕詝很有仁君風度，於是暗中決定把皇位傳給他。

還有一種說法，說道光帝病重的時候，同時召奕詝、奕訢兩兄弟問話，目的是考察兩個人的為人，也是為了決定傳位給誰。兄弟兩人為這件事，各自向自己的師傅請教，奕訢的師傅卓秉恬對奕訢說，皇上問你話的時候，你一定要知無不言，言無不盡。但是奕詝的師傅杜受田棋高一著，對奕詝說：阿哥，如果你回答皇上的問話，恐怕比不過六爺，現在只有一種辦法，就是如果皇帝說自己老了，快要離開人世的話，阿哥你就伏地大哭。於是兩個人各自按照老師的教導行事。結果道光皇帝對四子奕詝的印象極好，說皇四子仁孝，決定把位子傳給他。

孝靜成皇后，恭親王之母。

當然，以上兩種傳說不足盡信，但是兩人為了爭奪地位各自籌畫，那是確定的。後來，道光皇帝寫下了如下詔書：

皇六子奕訢封為親王，皇四子奕詝為皇太子。

立儲御書寫了兩個人，在清朝歷史上可以說是空前絕後，絕無二例，從中也可見老皇帝對兩個人的喜愛程度。後來道光皇帝駕崩，老四奕詝繼位，封自己的弟弟奕訢為恭親王，從此以後兄弟兩人就成了君臣。

按理說，事情發展到這個程度，兩兄弟的矛盾應該緩和下來了，可是一波未平，一波又起。前面說過，咸豐帝奕詝十歲的時候，他的生母死了，於是他一直由奕訢的生母靜貴妃撫養。奕詝對這位養母一直是感激在心的，他登基做了皇帝以後，就封靜貴妃為「皇考康慈皇貴太妃」，而且每天都去請安。到了咸豐五年，也就是西元一八五五年，太妃病重了。有一天，咸豐帝照例去寢宮問安，可是病重的太妃誤認為是自己的兒子奕訢，拉著他的手說，當年皇上本來是想立你做太子的，現在事情已經如此了，這是天意，

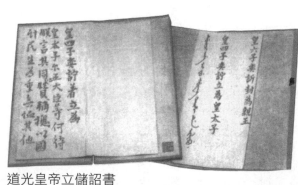

道光皇帝立儲詔書

皇帝這個人的心思不容易摸透，你要自愛，不可以生什麼嫌疑。說者無心，聽者有意，咸豐帝聽了以後加深了對奕訢的猜疑。

有一天，咸豐帝遇到奕訢從太妃的寢宮出來，便問起太妃的病狀，奕訢一邊哭一邊說，看來已經危在旦夕了，只要萬歲爺封號一下，便可瞑目了。這句話的話外之音，就是要咸豐皇帝封自己的母親為皇太后。咸豐帝聽了奕訢這個話，當時並沒有表態，只是「哦」了一聲，講完回頭就走了。奕訢卻認為皇上講「哦」是表示同意了，於是就正式向咸豐皇帝請示加封。咸豐皇帝因為靜貴妃對自己有十年的養育之恩，所以對於奕訢的請封也不便推辭，只得把靜貴妃封為「康慈皇太后」。

可是咸豐帝內心很不滿意，非常怨恨奕訢的這個舉動，覺得自己是被騙了，是違心加封的。於是他一方面下令降低喪儀的規格，一方面又下旨說，恭親王奕訢在禮儀方面有許多疏略之處，著革去奕訢軍機大臣等一切職務，回上書房「讀書」。這道詔旨實際就是不讓奕訢繼續參與治喪，把他閒置起來了。兩個月以後，咸豐帝下詔封養母靜貴妃謚號為「孝靜康慈弼天輔聖皇后」。詔旨一下，大臣們發現裡面少了一個「成」字，因為道光皇帝的謚號是「成皇帝」，少了一個「成」就不能進太廟，果然後來奕訢的母親「康慈皇太后」沒有葬在道光帝的陵墓中，而是單獨葬在道光帝陵墓的東邊，稱慕東陵。這樣一來兄弟倆的矛盾就公開暴露出來了。所以，當咸豐帝逃離北京的時候，沒有讓奕訢隨行，而是把他留在北京，擔任和談的代表。在選定八個輔佐幼主的顧命大臣的時候，也把奕訢排除在外。

而出乎意料的是，咸豐帝的這個決策卻為奕訢勢力的抬頭開了方便之門。原來咸豐皇帝逃到熱河以後，恭親王在同洋人的交涉中，團聚了一批在京的重臣，他的力量逐漸雄厚起來，成了清朝貴族和洋人溝通的政治代表，被洋人認為是中國最好的外交家。在京的重臣們對奕訢的理政能力和才幹也是深表欽佩和認可。咸豐皇帝駕崩以後，大家都把皇朝復興的希望寄託在了奕訢的身上。遠在熱河的慈禧和慈安太后也看到了這一點，但是當時的大權操在八個輔政大臣的手裡，兩宮太后要和他們鬥，就必須拉攏奕訢作為自己的盟友。這一年奕訢只有三十二歲。這三個年輕人和八個輔政大臣之間展開的鬥爭，是怎麼樣的？慈禧又是如何一步一步剷除八個大臣，實現了長達四十七年的垂簾聽政的呢？

慈禧深知能否拉攏奕訢是爭奪權力的關鍵所在。但是在八位顧命大臣的阻撓下，兩宮太后與奕訢接觸十分困難。最後慈禧和慈安是怎樣見到奕訢的？三人在一起說了些什麼？

慈禧和慈安兩宮太后通過秘密傳話，讓奕訢到熱河參加咸豐皇帝的「殷奠禮」。「殷奠禮」就是皇帝死後第十四天舉行的一次重大祭奠活動。咸豐皇帝是農曆七月十七日去世的，這樣奕訢必須在八月一日前趕到熱河。奕訢得到了秘密傳話以後，知道裡面必有奧妙，於是他毫不猶豫地趕到了熱河，時間是咸豐十一年八月一日，也就是西元一八六一年九月五日。奕訢準時趕到了承德避暑山莊，一到山莊，他馬上就跪在皇兄的梓宮（即棺材）前放聲大哭，泣訴兄弟之間的親情和皇帝對自己的眷顧關懷，哭得十分哀傷，在場的人無不為之動容。

承德避暑山莊煙波致爽殿

「殷奠禮」結束以後，兩宮太后傳出懿旨，要召見恭親王。對於這道懿旨八顧命提出了反對。一向以禮儀專家知名的署禮部右侍郎軍機大臣杜翰立即表示叔嫂之間應當避嫌，而且現在先帝賓天，皇太后喪服更不應該召見，所以不讓奕訢入內見兩宮太后。杜翰是禮儀專家，引經據典，理由充分。可是兩宮太后召見的態度非常堅決，太監多次傳旨召見，這個時候，八顧命仍然以禮制作為藉口把懿旨擋了回去。

雙方正在僵持的當中，奕訢非常謙恭地說，能否請鄭親王陪同進見。奕訢這一句話非常出人意料，把八顧命問啞了，鄭親王端華尤其不知所措，急得不斷用眼神示意肅順。在八顧命一片慌亂尷尬的情景之下，肅順原本微弱的心理防線被虛驕剛愎的個性徹底壓垮了，他笑笑說，老六，你跟兩宮太后是叔嫂，何必要我們陪同。肅順這句話就等於開了綠燈，這樣別的顧命大臣就不能說話了，於是恭親王得以獨自面見了兩宮太后。我不能不說允許叔嫂相見是肅順犯下的一個致命錯誤，不僅使八顧命以前千方百計隔離熱河與京師之間的直接接觸前功盡棄，而且親手創造了太后與恭親王密謀政變的良機，或許這就是天意，肅順自己把脖子伸進了絞索。

恭親王和兩宮太后密談了大約一個鐘頭，根據當時的筆記和《熱河密札》披露的內容，先是兩宮太后向恭親王哭訴了肅順、端華、載垣等人欺負孤兒寡母的情況，然後慈禧問恭親王外國人的態度怎麼樣。奕訢明確表示外國人方面不必擔心，沒有什麼事，請皇上和太后盡速回京，他可以力保無事；並且他一再強調，兩宮太后和皇上如果困在熱河，絕沒有辦法擺脫肅順這八個人的控制，只有回到了京師，才是最重要的「首著」。

八月初六，也就是第一次召見以後的第五天，奕訢再次奉召拜見太后。雙方進一步討論了回京的日期、路線以及如何辦理八顧命的情況。奕訢跟兩宮的密談，是在八顧命的勢力無法伸入內宮的情況之下進行的，所以肅順等八個顧命大臣毫不知情。

初七，恭親王離開熱河，回到京師。他在回京的路上行色匆匆，回到北京居然沒有人知道。行蹤詭秘到這種程度，可以想見雙方鬥爭的嚴酷性。

慈禧與奕訢在熱河密謀政變，北京城裡也出現了支持慈禧垂簾聽政的呼聲。為什麼京城裡的一批重臣會支持慈禧垂簾聽政呢？慈禧與八位顧命大臣第一次面對面的交鋒究竟誰勝誰負？

在恭親王奔赴熱河期間，京師的一批重臣，如體仁閣大學士周祖培等也行動起來了。周祖培授意他的門生山東道監察御史董元醇在八月初五，上了一份恭請太后垂簾、親王輔政的奏摺。

這個奏摺最主要的內容是這樣的：皇上年幼不能親政，軍國事重，暫請皇太后垂簾，並派一兩個親王輔政。很明顯這個奏摺的矛頭是直指八顧命的，而所謂「親王」明眼人一看就知道，指的是六王爺奕訢和七王爺醇郡王奕譞。奕譞就是慈禧太后的妹夫，她的妹妹嫁給了醇郡王奕譞。

八月初九日，在奕訢離開熱河行宮的第三天，董元醇的奏摺送到了行宮，兩宮太后看了以後，馬上傳命八顧命前來。肅順、端華、載垣看了這個奏摺以後非常不滿意，都痛斥這個奏摺，他們的態度很明確，不同意垂簾。退下來以後，這三個人又以清朝從來沒有皇太后垂簾的先例為由，讓軍機處擬旨批駁董元醇的奏摺，並且要求太后蓋章以後下發，給以後企圖請兩宮垂簾的人作為警戒。兩宮看了軍機處擬的聖旨以後，並沒有蓋章，也沒有把奏摺發下去，而是扣了下來。

八月十一日，兩宮太后再次召八顧命重議垂簾事宜，雙方展開了激烈的爭論。載垣說，我們是輔佐幼主，不能聽命於皇太后，即使請皇太后看折也是多此一舉，言下之意就是乾脆否定了太后看奏摺的權力。肅順更是當面痛斥慈禧太后，氣焰洶洶，「聲震陛階」。他的這種態度，嚇得慈禧太后懷抱的小皇帝「遺溺后衣」，就是小便溺在太后的衣服上。不僅如此，八顧命在跟太后爭執的過程中，還用「擱車」相威脅。什麼叫「擱車」呢？簡單地講就是罷工。也就是說八顧命在爭執的時候，用罷工相要脅。這下兩宮太后沒有辦法了，只好在擬訂的諭旨上面蓋章，連同恭請兩宮垂簾的奏摺，也就是董元醇的奏摺一起發了下來，違心地以皇帝的名義斥責董元醇，說：

我朝聖聖相承，向無皇太后垂簾之禮，該御史奏請皇太后暫時權理朝政，甚屬非是。

兩宮太后違反自己本心，說垂簾不符合清朝的祖制，將上諭發出以後，傷心得抱頭痛哭。表面上看，肅順等八個大臣好像是贏了一著，其實恭請垂簾的奏摺只是京師一派放出來的測向氣球，其主要目的是把兩宮要求垂簾的私議公然作為朝臣議政提出來，作為反對八顧命專橫的旗幟佈告天下，這樣就在無形之中成了一種輿論動員。兩宮把這個奏摺違心地蓋印發了下去，也等於向朝廷內外明示了顧命大臣的欺壓和跋扈，從而獲得了輿論的廣泛同情，為日後處置肅順等八個人設下了伏筆。

以上兩件事使兩宮皇太后明白了在熱河鬥爭的艱苦和無奈，加強了必須回京的心理認同，堅定了按照密謀步驟走下去的決心。到八月十三日，皇帝下詔，定本年十月初九日舉行登極大典。八顧命沒有理由反對皇帝登基，而同意登基也就等於同意了皇帝跟兩宮太后回鑾京師，因為典禮只能在京師舉行。回京則是能否實現政變的關鍵，這樣兩宮太后和恭親王奕訢巧妙地利用成例，贏了關鍵的一招。由此開始，套在肅順等人脖子上的絞索，就一步一步地收緊了。

辛酉政變

在京城裡，恭親王奕訢和慈禧的眾多支持者為她垂簾聽政大造輿論，北京已經成為慈禧政變的大本營。而八位顧命對此卻一無所知。那麼，慈禧是如何設局，請君入甕，處置八個顧命大臣的？辛酉政變後，慈禧主政對清朝是福還是禍？

辛酉政變

慈禧深知，只有離開熱河才能脫離八個顧命大臣的監控，只有回到北京才能奪得政治權力。在京城裡，慈禧的眾多支持者為她垂簾聽政大造輿論，北京已經成為慈禧政變的大本營。而八顧命對此卻一無所知。那麼，慈禧是如何設局請君入甕，處置八位顧命大臣的？辛酉政變後，慈禧主政對清朝是福還是禍？

兩宮太后跟恭親王奕訢密謀回到北京發動政變，希望太后垂簾聽政。政變的第一步，就是要回到北京。八月十八日，兩宮太后傳諭內閣：皇太子載淳先行回京。這道諭旨表明，太后跟小皇帝將不親自護送咸豐帝的靈柩回京，而是先走一步。這就意味著她們將擺脫八顧命可能採取的監控，搶在肅順等人之前到達京師，跟恭親王會合。應該說這是政變密謀過程中最為

同治皇帝像

重要的步驟，因為只有脫離八位顧命大臣，才能夠擺脫他們的監控，才有安全。只有先到達京城，才有時間先下手，使肅順等人沒有準備反擊的時間。

諭旨發下來以後，兩宮太后和顧命大臣之間又展開了一次鬥爭。至於這次鬥爭為了什麼事情，怎麼斟酌的，歷史上沒有明確的記載。但是這次鬥爭的結果，歷史上留下了蛛絲馬跡，就是兩宮太后借這個機會，把肅順、端華、載垣三個人的部分職務革去了。開革掉什麼職務呢？一個是親隨聖駕的特權，一個是開除了他們步軍統領的兵權。這一步非常關鍵，因為這些特權剝奪掉了，八大臣也就失去了在政變中自我保護和反擊的能力。從這一步，我們也可以看到慈禧是精心部署的。雖然那一年她的年紀不大，但是在政變過程中所表現出的細心、成熟，由此可見一斑。

九月初一日，又頒發諭旨，恭上皇太后徽號。徽號，就是尊號，也就是說，由皇帝封賜兩宮太后的尊號。恭上「母后皇太后」的徽號為「慈安皇太后」，從此史稱慈安，那拉氏上的徽號叫「慈禧皇太后」，從此史稱慈禧。

咸豐十一年九月二十三日，也就是西元一八六一年十月二十六日，咸豐皇帝的靈柩由熱河起行。小皇帝以及兩宮太后在熱河行宮避暑山莊的麗正門外，跪送咸豐皇帝靈柩登輿。然後他們三個人由簡道趕回北京，因為按照禮儀規定，咸豐皇帝靈柩到達京城時，小皇帝必須在東華門外跪著迎接，所以小皇帝跟太后應該先到京城，以便安排迎拜先帝靈柩的典禮。按照太后和恭親王商定的計畫，由肅順護送靈柩，小皇帝、太后連同其他七名顧命大臣先由簡道回京，這就顯得順理成章、天衣無縫了。載垣、端華等七個人，缺少了肅順，就等於少了策劃的頭腦。況且他們又被革去了步軍統領的職務，變成了無須沿途張羅的王公。所以，雖然他們跟兩宮同行，但是一點沒有覺察到有什麼異常的情況。肅順因為擔負護送先帝靈柩的重任，跟著靈車慢慢地走，不能夠跟太后走簡道，因此，他就跟太后等人拉開了距離。加之其他七個人跟太后在一起，跟肅順又聯絡不便，於是肅順就成了形單影隻、兩耳塞聽的孤家寡人了。

九月二十九日，小皇帝和兩宮太后回到了京師，受到百官的隆重迎接。當天，管理戶部事務的大學士周祖培，管理兵部事務的大學士賈楨、戶部尚書沈兆霖、刑部尚書趙光等一批在京的大臣聯名上奏，恭請太后垂簾聽政。太后看到這種狀況，又看到他們的奏摺，就向他們哭訴母子幾人受到肅順等人的種種欺負。皇太后和小皇帝竟然受到了肅順等人的冒犯，這事還了得嗎？周祖培馬上就說，為什麼不治他們的罪呢？慈禧太后假惺惺地說，他們都是襄贊王大臣，可以拿他們問罪嗎？周祖培立即說，皇太后你可以先降旨解除他們襄贊之任，然後再給他們治罪。在這樣的情況之下，兩宮太后感到支持垂簾聽政、嚴懲肅順等人的輿論聲勢已經形成，於是一場驚心動魄的宮廷政變開始了。

九月三十日，兩宮太后召見恭親王奕訢、大學士桂良、大學士周祖培和大學士軍機大臣文祥，向他們痛斥了八顧命悖逆無道後，下達了預先擬定的三件諭旨。第一件是解除職務，命怡親王載垣、鄭親王端華、協辦大學士肅順「解任革爵」，景壽、穆蔭、匡源、杜翰、焦祐瀛退出軍機處。第二件捉拿議罪，把載垣、端華、肅順革去爵職後交宗人府會同大學士九卿、翰、詹、科、道嚴行議罪，並且讓他們討論如何實行垂簾。第三件，命睿親王仁壽、醇郡王奕譞將肅順馬上押解到京城治罪。

聖旨發下來是由奕訢宣讀的。這個時候載垣、端華這兩個輔政大臣都還沒有意識到政變已經神不知鬼不覺地發生了。他們拒不接旨，大聲地問，我們這些顧命大臣還沒有入宮，更未擬旨，哪有什麼詔旨下達？可憐死到臨頭這兩位王爺還在做襄贊的美夢。奕訢喝令「拿下」，兩個王爺居然還說「誰敢」，結果被侍衛除去冠帶，押到宗人府囚禁了起來。

七個顧命大臣紛紛被處置，只剩下顧命大臣陣營的核心——肅順。肅順一直是慈禧心中最大的遺患。慈禧與他有舊怨，肅順曾經提醒咸豐帝殺掉慈禧；慈禧與他還有新仇，肅順在熱河曾當面斥責慈禧干預朝政。那麼慈禧如何處置這塊最大的絆腳石？肅順最後是怎麼死的？

肅順在政變當天正護送先帝的梓宮到達北京郊外的密雲。夜裡，他已經和兩個妾睡覺了，就在這時被仁壽、奕譞拿獲，監送到宗人府下獄。這樣，政變在沒有反抗和流血的情況下，順利地獲得成功。因為咸豐十一年，干支是辛酉年，所以這次政變史稱「辛酉政變」，又因為政變在北京發生，所以也稱「北京政變」。

十月初六日，兩宮下詔，賜載垣、端華兩位王爺自盡；肅順斬立決；景壽革去御前大臣之職，但是他的公爵仍然保留；兵部尚書穆蔭發往軍台；吏部右侍郎匡源、署禮部右侍郎杜翰、太僕寺卿焦祐都被革職，但是免發遣。這八個人中間景壽的處分最輕，為什麼？因為他是駙馬爺。這樣一個特殊的身份，使他保住了爵位和額駙的身份。至此，八顧命的體制被徹底剷除了。

筆記上說，肅順行刑的時候，京師人士都交口稱快，肅順的冤家都駕車載酒到法場去觀看肅順的斬首。肅順當時一身白色的袍子，坐在沒有布帷遮起來

北京宣武門。宣武門外的菜市口刑場就是肅順行刑的地方。

的車子上，親屬中間也沒有人臨場送行。當肅順的囚車經過北京騾馬市大街的時候，圍觀者痛罵，痛罵之餘又用瓦礫土塊往他身上扔。肅順很怕，但因被反綁在牛車上沒有辦法動彈，所以白白胖胖的臉頓時變得血肉模糊，很難辨認。到行刑的時候，肅順不但立而不跪，而且破口罵，那他罵了些什麼呢？史書上說：

其悖逆之聲，皆為人臣子者所不忍聞。

也就是說，他講了許多宮闈的內幕和髒話，大家都不忍心聽下去。劊子手看到他立而不跪，就把他的兩腿敲斷，然後斬首。肅順的斬首標誌著「辛酉政變」至此落下帷幕，清王朝從此進入了慈禧太后垂簾聽政將近五十年的歷史。

慈禧終於登上了權力的頂峰。這一時期的清朝正在走向衰落，交給慈禧的是一個積貧積弱內憂外患的國家。慈禧的主政是加速了清朝的滅亡，還是延緩了它的衰落？

這四十七年的時間，可以說在清朝歷史上是一個不同於以往的時代，這個時代可以稱之為「慈禧的時代」。所謂「慈禧的時代」，是一個在政治上進行改革，在思想上新潮迭起的時代。

在慈禧主政之下，默認和支持學習「西方長技」的洋務活動，做出許多有利於中國走出中世紀的措施，譬如派留學生、造兵船、造鐵路、辦工廠等等。甚至到了後來，慈禧還想進行政治體制的改革。當然慈禧這樣做，她的主觀動機、她的措施所實行的客觀效果，可以深入討論，但是這些畢竟不同於以往閉目塞聽、故步自封的狀態，而是開始走向世界，走出中世紀了。

兩宮太后同時垂簾聽政，但實際上掌握實權的是慈禧。然而慈禧畢竟剛剛二十六歲，缺乏理政的能力，那麼慈禧處理國事時的得力助手是誰？歷史上真正的垂簾聽政是怎樣的？

首先，兩宮太后把小皇帝的年號由原來的「祺祥」改成了「同治」。原來咸豐帝駕崩，皇太子載淳繼位的時候，八顧命擬定了新朝

幾乎全部被收回的祺祥通寶

的年號是「祺祥」。為什麼要改為同治呢？因為「同治」就是共同治理的意思，由皇帝和兩宮太后共同治理朝政。這個治理的方式就是太后垂簾聽政。什麼叫垂簾？大家看電視劇或者電影裡面，都是兩宮太后坐在後面，前面垂下一幅簾子，或者是白色的或者是黃色的，小皇帝坐在前面。那麼是不是所謂垂簾的簾就一定是垂下來的簾子呢？不一定。

史書上記載，有的時候兩宮太后前面是八扇黃色的屏障，也就是八個黃色的屏風遮著，太后坐在屏風後面，皇帝坐在屏風的前面。也有的歷史記載，說太后在召見內外臣的時候，前面是一個黃色的布幔作為簾子。這樣我們就可以知道，所謂垂簾的簾不一定就是簾子，可以是布幔，也可以是黃色的紗屏。

那麼怎麼個垂簾聽政法呢？我們看一下當時擬定的《垂簾章程》第五條：

召見內外臣工：擬請兩宮皇太后皇上同御養心殿，皇太后前垂簾。於議政王、御前大臣內輪流派一人，將召見人員帶領進見。

到這裡得解釋一下，垂簾聽政是在養心殿，兩宮召見內外官員的聽政儀式是太后前垂簾，隔簾聽政，召見的人員由議政王以及御前大臣內輪流派一人帶領。那麼當時的議政王是誰呢？

養心殿正間

議政王是恭親王奕訢，所以按照這一條規定，恭親王在每一次跟皇太后、皇帝召見內外臣工的時候都有零距離的接觸，而且他要回答皇太后的提問，以盡他議政王的職責。

《垂簾章程》的第六條還規定了京外官員引見方式，是由議政王和值班的御前大臣將引見的官員按照次序點名引入。同時，把怎麼樣任命的諭旨抄寫一式兩份，一份交小皇帝，一份交兩宮太后，待兩宮太后認可之後，蓋著印章交給議政王，由軍機大臣發下去，再由堂官來述旨。當然《垂簾章程》還有很多條，這裡只講兩條主要的，因為有了這樣一份《垂簾章程》，才使後人可以明確地瞭解晚清史上皇太后垂簾聽政究竟是怎麼回事。

我們知道，在中國歷史上最早提到「垂簾」兩個字是在東晉時期。東晉穆帝即位的時候只有兩歲，皇太后設「白紗幃」於太極殿抱帝聽政，但是並沒有留下詳細記載說明垂簾聽政究竟是什麼樣的程式。所以「辛酉政變」以後擬定的《垂簾章程》，可以說是最詳細的關於垂簾聽政的記載。

簡單地說，年幼的同治帝只是一個坐在屏幔前的擺設，真正握有實權的是簾後的兩位太后。這兩個太后中間，由於東宮慈安太后秉性忠厚，不關心政治，所以臨朝稱制的大權，實際上是在西宮慈禧太后的手裡。不過剛剛掌握大權的慈禧太后畢竟缺乏理政的經驗，她必須借助恭親王奕訢和御前大臣的才能來應付頭緒眾多、危機四伏的政情，

養心殿東暖閣

以便於使朝政順利地運作起來。這就是為什麼在處理八顧命之後，要封奕訢為議政王，為什麼同意《垂簾章程》當中規定議政王應該隨時侍立於皇帝與太后之側。而奕訢，也因此獲得了實際上超過顧命大臣的權力，成了朝野倚重的王爺，這種太后和議政王相互倚重的關係，無形中達成了他們兩者的默契，保證了事變以後的政治操作秩序能夠真正進行。講得徹底一點，就是慈禧太后需要向恭親王學習處理政務的經驗，而恭親王要在太后垂簾聽政的時候貢獻自己的才能，這就是所謂議政王的職責。

重用漢族將領

年輕的慈禧剛剛登上權力的頂峰，就被推到了拯救大清王朝的前線。她以女主少有的政治魄力，延續咸豐皇帝重用漢族將領的方針，剿滅了太平天國和捻亂。一個年輕的女人是如何讓滿漢群臣對她死心塌地地擁護的？

重用漢族將領

「辛酉政變」後，清王朝進入了慈禧時代。然而這一時期的清王朝內憂外患，朝不保夕。年輕的慈禧剛剛登上權力的頂峰，就被推到了拯救大清王朝的前線。慈禧以女性少有的政治魄力，延續咸豐皇帝重用漢族將領的方針，剿滅了太平天國和捻亂，形成了晚清「同治中興」的局面。那麼，一個年輕的女人是如何讓群臣對她死心塌地地擁護，又如何平定了讓咸豐皇帝頭疼的叛亂的呢？

經過「辛酉政變」，清王朝從此進入到慈禧主政的歷史時代。在慈禧主政的近半個世紀裡，她有哪些重大舉措呢？

慈禧垂簾聽政後，面臨的是國內外戰爭烽火連天和清王朝朝不保夕的危險局面。其中，南方的太平天國和北方的捻匪，對清政府的威脅最大，是「心腹之患」。因此，慈禧一上臺，就在與恭親王奕訢的合作下，集中全力鎮壓了太平天國與捻亂，用清朝統治者的話說，就是所謂的「削平髮捻」。

「髮」是指太平軍。大家知道，清兵入關後，實行了一項殘暴的民族統治政策：強迫漢族百姓一律剃髮留辮子，把留辮子作為是否願意成為大清順民的標誌。不願者殺無赦，即所謂

「留髮不留頭，留頭不留髮」。清初，為了這條辮子，不知有多少人死在清兵的屠刀之下。洪秀全領導的太平天國，參加者一開始就以割掉辮子，蓄長髮作為反清的標誌。所以當時人們都把太平軍稱作「長毛」，清朝統治者則稱他們為「髮匪」。

太平天國從金田起事到「辛酉政變」前，已經攻佔了長江以南的大半個中國，在南京定都，稱為天京；分兵北伐，曾一度打到天津郊外，京畿震動，皇朝岌岌可危。八旗、綠營已經沒有能力對抗太平軍，在這種情況下，咸豐皇帝不得不下令，命各省地方辦理團練，保衛家國。曾國藩乘時而起，組成湘軍，逐步成為對抗太平天國的主要力量。這裡需要說明一點，湘軍不是清朝的國家軍隊，而是曾國藩一手拉起來的私人武裝，全軍服從大帥曾國藩的統帥指揮。因為是私人武裝，所以長期以來得不到清政府的糧餉供給，需要曾國藩自己籌措。

曾國藩不是朝廷任命的經制兵

洪秀全塑像

（即國家軍隊）統帥，作戰中除了湘軍外，無法指揮調動清軍。所以儘管湘軍拼死賣命，但曾國藩只能在無權無勢的尷尬狀態下孤軍獨鬥。儘管湘軍成了戰場上對抗太平軍的主力，卻得不到朝廷的青睞，直到咸豐皇帝十年四月，也就是西元一八六〇年五月，咸豐皇帝在無兵可用的情況下，才下決心重用曾國藩，任命他為署理兩江總督，也就是代理兩江總督，督辦江南軍務。兩個月後，又正式任命曾國藩為兩江總督。從此，曾國藩成為有權有勢的統帥。

而這個時候，咸豐皇帝正處於心灰意懶的「倦勤」狀態，重要奏摺由他口授，讓懿貴妃那拉氏代筆批答。所以慈禧對皇帝的重用漢人將帥的政策，對曾國藩和他的湘軍應該是印象深刻的。

曾國藩作戰一向用兵謹慎，謀定而動，具有高度的戰略眼光。舉一個例子：一八六〇年，當他剛剛被咸豐皇帝任命為代理兩江總督時，他正率湘軍主力圍困南京上游的軍事重鎮安慶。當時，太平軍東線主力在忠王李秀成會合英王陳玉成後，一舉攻破清軍江南大營，隨後又由李秀成統領他的部隊攻下了蘇州、常州。蘇州、常州地區是中國東南的魚米之鄉，也是清皇朝賦稅和漕糧的重要來源。蘇州、常州一失，急得清廷亂成一團。咸豐皇帝下令要曾國藩撤下安慶之圍，將軍隊調到東線，收復蘇州、常州。曾國藩接旨後，按理剛剛受皇帝任命為署理兩江總督，應感恩從命，但他從戰略全域出發，竟然抗旨，拒不出兵，置蘇州、常州於不顧，堅持圍困安慶。他在給皇帝的奏摺中說：

是安慶一軍，目前關係淮南之全域，將來即為克復金陵之張本。此臣反覆籌思，安慶城圍之不可撤之實情也。

按照曾國藩的戰略構想，他認為要攻克南京，北岸必須攻佔安慶、和州，南岸則先要攻佔池州、蕪湖，取得以上取下之勢。若從東路蘇、常入手，形勢全失，必然重蹈覆轍，終無成功。所以，他說：目前，臣所部萬餘人，已將安慶團團包圍，深溝固壘，挖掘長壕。若撤安慶之圍，則其他包圍桐城、英山、霍山的軍隊，必定招致敵軍的上下夾擊而不得不退。但是，為了敷衍皇帝，他在奏摺中報告，自己將移駐皖南祈門，向蘇州、常州分兵。實際

曾國藩像

上，圍困安慶的主力在曾國藩指揮下，仍按兵不動。

這件奏摺，理由充分、高屋建瓴，皇帝看後不僅不因他抗旨而給予處分，反而認為是「統籌全域，甚合機宜，著照所擬辦理」，同意了曾國藩的安排。咸豐十年七月，湘軍攻佔安慶。

安慶一失，天京（南京）上游無屏障可恃。所以太平天國幹王洪仁玕說：我軍最重大之損失，乃是安慶落在清軍之手。安慶一失，沿途至天京之城，相繼陷落，不可復守矣。安慶無恙，則天京一日無險。清王朝方面評論說，佔領安慶，「實為東南軍務一大轉機，從此勢若建瓴，功成破竹」。這個例子說明曾國藩的確是個老謀深算、具有全盤眼光的戰略家。

正在湘軍力挽清王朝內憂之際，八國聯軍打進了北京城，咸豐皇帝於國難當頭時溜之大吉，在縱欲狂歡中死去，把江山丟給了慈禧和他的小皇帝同治。慈禧在短時間內兩次提拔曾國藩，曾國藩迅速成為清政府的重臣。慈禧的政治魄力震動了朝野。

為了鎮壓太平天國，解除「心腹之患」，兩宮太后垂簾聽政後，慈禧決定堅持丈夫咸豐皇重用漢族將領的方針，重用曾國藩。她採取的第一個措施，是在小皇帝登基後的第九天，也就是一八六一年十一月二十日，下旨命曾國藩節制江蘇、浙江、江西、安徽四省軍務，把江南的軍事指揮大權完全交給他。緊接著，又在同治元年正月，也就是一八六二年二月，授予曾國藩協辦大學士，進入皇朝的中樞機構——內閣。也就是說，慈禧把曾國藩納入到朝廷的最高行政機構，入閣拜相。

這兩項令朝野側目的提拔，表現出慈禧確實具有出眾的政治魄力。只要對挽救皇朝命運有利，她可以不計滿漢，不計資歷短淺，量才錄用，委以重任。她這樣做，一方面可以顯示她繼承先帝確定的方針，在政策上具有連續性；另一方面也可以激勵在戰場上廝殺的漢族將領，讓他們知恩圖報，死心塌地地為皇朝賣命。

曾國藩果然感激涕零。他在攻佔南京上游的屏障——安慶後，立即坐鎮指揮，部署湘軍順江東下，進攻太平天國都城天京。到同治元年四月，湘軍中陸師二萬三千多人，在曾國藩的弟弟曾國荃率領下，兵臨南京城外雨花臺，湘軍水師在彭玉麟的率領下也進佔了南京護城河口。水陸兩軍把太平天國都城圍了個水泄不通。

曾國藩採取了圍城打援的戰法，在南京城外挖掘長壕，切斷南京與外界聯繫的一切通道，加上長江有湘軍水師封鎖，南京成了一座困守的孤城。太平軍幾次救援都被打退，圍困日久，南京糧食斷絕，天王洪秀全號召軍民吃「甜露」充饑。所謂「甜露」就是可以吃的野草。到同治三年三月下旬，被圍困長達兩年的天京已經危機四伏，天王洪秀全在四月二十九日病死，由兒子洪天貴福接位，史稱幼天王。六月十六日，曾國荃下令總攻，炸塌城牆，湘軍蜂擁而入，天京淪陷。

南京城破之日，幼天王被忠王李秀成冒死救出，但中途失散。後李秀成被俘，被押至湘軍大營審訊，寫下了一份供詞（也就是後來所說的《李秀成自述》）後，被曾國藩殺害；幼天王輾轉逃往皖南，被幹王洪仁玕接迎，會合浙江的一支太平軍，繼續戰鬥。八月，兩人在江西兵敗被俘，先後被殺。太平天國的王統自此中斷。

慈禧在重用曾國藩鎮壓太平天國的同時，還重用了李鴻章、左宗棠等人，依靠他們剿滅了江蘇、浙江、福建、廣東等地的太平軍餘部，到了同治五年，也就是西元一八六六年，太平軍餘部被徹底消滅。

剿滅了太平天國後，慈禧又開始重點剿伐北方的捻匪。慈禧起用曾國藩的學生李鴻章。從此以後，慈禧與李鴻章逐漸形成了相互倚重的關係。在以後的眾多歷史事件中，以李鴻章為首的一批漢族將領成為慈禧的鐵桿支持者。

太平天國被鎮壓，慈禧鬆了一口氣。但還有活躍在北方的捻匪，使她不得安寧。「捻」是安徽的土話，他們把一股稱為一捻，一股股捻子平時為農，外出搶掠時成為軍隊，各自為戰，互不統屬。

太平天國起事，各股捻子於咸豐五年（一八五五）在安徽雉河集會，聯合起來，公推盟主，以旗為單位組成軍隊，回應太平天國，史稱捻軍。他們活躍在河淮地區，打擊清軍，成為太平軍的盟友。但是，捻軍名為聯合，實際上仍然是各自為戰，容易被清軍各個擊破。到同治三年（一八六四），太平天國失敗時，捻軍中最具戰鬥力的一支，由於和太平軍遵王賴文光部隊相結合，改變作戰之法，稱新捻軍。他們衝破清軍圍剿，馳往豫魯蘇一帶，打得清軍人仰馬翻，成為清廷繼太平天國之後的又一個心腹之患。

李鴻章是曾國藩一手扶植起來的淮軍統帥。他是曾國藩的幕僚和門生，受到曾國藩的信任和器重。攻佔安慶以後，李鴻章被曾國藩派往安徽招募軍隊。咸豐十一年（一八六一），李鴻章按湘軍建制，招募勇營，組建淮軍，共十三營六千五百多人。第二年，也就是同治元年

李鴻章像

（一八六二），李鴻章又在曾國藩的保奏下，以署理江蘇巡撫的職銜，將淮軍從水路開赴上海，參加鎮壓江蘇地區的東線太平軍。這期間，淮軍開始裝備洋槍、洋炮，改變營制，並與美國人華爾的洋槍隊合作，共同對付太平軍。在鎮壓太平軍過程中，淮軍不僅在戰法上逐漸西化，而且隊伍也日益擴大，全軍在一八六四年八月，也就是南京被湘軍攻破不久，就已經有了水陸一百四十營，七萬多人，成為繼曾國藩湘軍之後最大的私家軍，也是當時裝備最現代化的部隊。

李鴻章的淮軍裝備精良，但是僅憑洋槍洋炮還無法剿滅戰鬥力很強的新捻軍。李鴻章吸取恩師曾國藩剿捻失利的教訓，調整了作戰方案。

李鴻章接任後，在戰略上既肯定了恩師曾國藩所確定的戰略方針，又根據捻軍一分為二，一路入山東為東捻，一路入陝西為西捻的實際情況，增加了「用謀設間」的瓦解策略；同時又確立了「倒守運河」的戰略，在西岸設防，改變了以往曾國藩在運河東岸設防的做法。

同治六年（一八六七）十二月，李鴻章集中兵力殲滅了東捻；緊接著又以「堅壁清野」、「圈制圍剿」等辦法，將西捻限制在運河東岸黃河與馬頰河之間，在同治七年六月底全殲了西捻，解除了清皇朝另一個心頭之患。

李鴻章剿滅捻匪有功，被朝廷任命為湖廣總督、協辦大學士，取得了與曾國藩平起平坐的地位。同治十一年（一八七二）二月，曾國藩病死，李鴻章就成為慈禧最信任、最倚重的封疆大吏。

從同治元年（一八六二）到七年（一八六八），慈禧依靠曾國藩、李鴻章、左宗棠等漢族將帥，削平了太平天國和捻亂，挽救了清皇朝覆滅的厄運，開創了起死回生的「同治中興」的局面。就此而言，她做了丈夫咸豐皇帝想做而沒能做到的事情。這期間固然有恭親王奕訢獻計獻策、通力合作的功勞，但作為垂簾聽政的女強人，她的政治魄力和理政能力得到了充分的表現，從而獲得了朝廷內外大臣的讚賞和支持。慈禧的威望和地位牢牢地確立了。

不僅如此，由於她重用漢族將領，在鎮壓太平天國和捻亂過程中，一批湘、淮軍統兵將領，在曾國藩、左宗棠、李鴻章等人的保舉下，在同治、光緒年間先後被朝廷任命為總督巡撫，從而改變了以往清朝地方大吏中滿、漢的人數比例，漢人中有軍功的總督巡撫超過了世家出身的滿族人。這些漢人中有軍功的總督巡撫，也就成了擁護慈禧垂簾聽政、力挺其臨朝的地方實力派。

整飭綱紀

為慈禧贏得絕對權威的並不僅僅是她重用人才的溫和一面，而是她整飭綱紀的強硬一面。那麼慈禧在整飭綱紀時拿誰第一個開刀？遇到了哪些阻力？她如何運用政治手段化解阻力達到目的？

整飭綱紀

慈禧重用曾國藩、李鴻章等漢族將帥剿滅了太平天國和捻亂，贏得了朝廷內外的讚譽和支持。然而為慈禧贏得絕對權威的並不是她重用人才的溫和一面，而是她整飭綱紀的強硬一面。那麼慈禧在整飭綱紀時拿誰第一個開刀？遇到了哪些阻力？她如何運用高超的政治手段化解阻力達到目的？

垂簾聽政後，慈禧重用曾國藩、左宗棠、李鴻章等漢族將帥鎮壓太平天國與捻亂，對有軍功的湘淮軍將領恩賞有加，破格任用。在削平太平天國、捻亂的過程中，慈禧對於那些臨陣脫逃、諱敗為勝的將帥，也是毫不留情、予以嚴懲的。其中，有兩項舉措震動了朝野。

第一，誅殺何桂清。

何桂清是誰啊？他是雲南昆明人，道光年間的進士，歷任翰林院編修、內閣學士、兵部侍郎、禮部與吏部侍郎。咸豐七年（一八五七），升為兩江總督，駐守常州。組織蘇浙錢糧，為清軍鎮壓太平軍提供後勤補給。這樣一個老資格的封疆大吏，慈禧為什麼要殺他？那是因為他在抗擊太平天國的前線中居然臨陣逃跑。

一八五九年，欽差大臣和春、幫辦張國梁，統帥清軍江南大營築起了土牆，把太平天國的國都——天京圍困了起來，這是天京歷史上第一次被清軍圍困。天京危在旦夕，太平天國的領袖洪秀全急得速調大將李秀成解圍。李秀成與天王洪秀全族弟幹王洪仁玕討論後，採用了三十六計之圍魏救趙之計，佯裝進攻杭州，然後再回師攻打江南大營。這一著果然奏效，江南大營全線潰敗，天京之圍解除了。清朝這邊，欽差大臣和春和幫辦張國梁都戰死疆場。

那麼這事和何桂清有什麼關係呢？原來何桂清主管清朝江南大營的糧餉籌畫，他坐鎮常州，見到江南大營危急，坐視不管。太平軍要進攻常州，他見大勢不好，準備逃跑。逃跑前，他把自己的父親和兩個小妾送到了通州，然後張榜禁止老百姓逃跑。這真是只許州官放火，不許百姓點燈啊。

可是常州人也不好惹，當地的鄉紳帶著幾百個人手持燈燭，在何桂清的總督府外跪了長長的一隊，要求何桂清留守常州。可是何桂清貪生怕死，只想逃命，不願抵抗。第二天，在常州百姓跪地挽留之下出不了城門的何桂清，不顧一切命令士兵開槍射擊，當場就死了十幾個人，也有記載說是傷了十九個人。總之他為了自己活命，竟敢開槍射殺無辜百

慈禧端佑皇太后之寶

姓。趁亂，何桂清逃到了蘇州，誰知蘇州不接納他，後來他又逃到常熟，常熟也不接納他。最後何桂清沒辦法了，跑到了上海，謊稱自己借兵助剿，上海才接納了他。

面對國內的形勢，剛垂簾聽政的慈禧，感到如刹不住前線將帥的逃跑風，戰場形勢就會日趨失控，何況何桂清為了自己活命還傷害百姓。所以慈禧打算拿何桂清當個典型開刀，判何桂清秋後問斬。

可是這何桂清是一品大員，根據清朝的祖制，一品大員用刑要慎重。所以慈禧殺何桂清並不順利，許多官員上疏為何桂清求情，一時間，竟然形成了一股強大的翻案風。在何桂清的審判中出現了反覆。就在這時候，太常寺卿李棠階上的一個奏摺對慈禧觸動很大。他說，刑罰的大政策，不能被謬論阻撓，現在想要削平洪秀全的叛亂，如果庇護了逃跑的大帥，那麼拿什麼來振奮前方將士的士氣？

這番話很對啊，如果不抓這個典型殺一儆百，以後還怎麼圍剿太平天國啊？所以慈禧於同治元年（一八六二）十二月，判何桂清斬立決。何桂清被斬，使朝野震懾。果然，從此直到太平軍被鎮壓，再也沒有出現在戰場上不戰而逃的督撫。殺一儆百，取得了一定效果，慈禧也因此樹立了女主的權威。

殺掉一個臨陣脫逃的封疆大吏，讓朝廷內外對慈禧肅然起敬。隨後，慈禧又把矛頭指向了滿族大帥勝保。慈禧起初提拔勝保，隨後又殺掉勝保。勝保到底是什麼人，做了什麼事情，讓慈禧對他的態度產生了如此巨大的變化？

在誅殺何桂清之後，慈禧又做了一件大快人心的事。同治二年（一八六三）三月，賜欽差大臣督辦陝西軍務勝保自盡。勝保在辛酉政變前，陳兵熱河，支持太后垂簾聽政，是政變有功之臣，慈禧怎麼忍心下手呢？原因有很多，一是勝保本人咎由自取；二是政治需要，殺一儆百。

勝保是滿洲鑲白旗人。道光二十年（一八四〇）中舉人。曾經擔任詹事府贊善、翰林院侍讀、國子監祭酒、光祿寺卿。咸豐二年（一八五二）做了內閣學士。

勝保雖然是文人出身，但是喜歡談論兵事，好表現自己。咸豐二年，太平軍從廣西出發向湖南迅猛進軍，清軍節節潰敗。這時候好表現自己的勝保上疏彈劾欽差大臣賽尚阿，說他「師久無功，潰圍失利」，要求治賽尚阿重罪。後來，太平軍攻陷漢陽，武昌告急，勝保再一次上疏，稟奏保衛金陵之策。他認為太平軍的目標是奪取金陵，也就是今天的南京。南京是六國古都——這六朝是三國時的吳，東晉，南朝的宋、齊、梁、陳，史稱六朝古都，後來五代的南唐及明初也建都於此。太平天國也定都在南京。勝保知道太平軍的目標是南京，他建議朝廷採取三個辦法：一、精練京口水師；二、在沿江兩岸扼要之處設立炮臺，並以竹木鐵器橫亙中流阻止太平軍順江東下；三、請朝廷下詔，無論城鄉，廣為勸諭，令其實行團練，互相守望。

這件奏疏，使朝廷覺得勝保有軍事頭腦，當時國家內憂外患，急需人才，所以決定把他派往河南，讓他去欽差大臣琦善那裡報到。從此，勝保開始了軍旅生涯。

不到兩年，他所統率的馬隊已超過四千，成為北方清軍中較為強悍的一支，他自己也被授欽差大臣，賜神雀刀，凡副將以下有先斬後奏之權。勝保成為北方統兵大員，被朝廷倚為鎮壓太平軍北伐軍的方面軍統帥。其後他在宦海中屢有沉浮，到同治元年（一八六二），因支持垂簾有功，不僅被抬入上三旗的鑲黃旗，而且被任命為欽差大臣督辦陝西軍務。

慈禧重用對辛酉政變有功的勝保，使得勝保更加有恃無恐。猖狂的勝保已經嚴重破壞了慈禧執政之初清明吏制的承諾。慈禧無法容忍，順勢殺掉了勝保。慈禧審時度勢的政治能力為她在清王朝贏得了絕對的權威。

勝保的劣跡很多很多。

首先，恃才傲物。他與清軍將帥貌合神離，經常排斥彈劾異己。例如，在進攻北伐援軍過程中，和山東巡撫張亮基鬧僵，彈劾張亮基軍報不實，用人不當，使張亮基遭到革職，發配邊疆。又如，在剿捻時，他瞧不起頂頭上司袁甲三，自行一套攻剿招撫措施，並乘機排擠了袁甲三。

第二，經常諱敗為勝，謊報戰績，剛愎自用，暴戾無常。例如，在圍困北伐軍李開芳部於山東高唐州時，因師久無功，在屢遭皇帝嚴厲指責的情況下，他焦躁暴戾，左右稍不如意，輕則辱，重則殺戮，弄得人人自危。在剿捻過程中，他每敗必以捷聞，搪塞謊報，經常受到朝野的參劾。

第三，縱兵搶掠，攬索犒費。他每攻下一城，便縱兵殃民，又向地方官索取犒費，使當地行政官員怨恨不已。

他傷害別人太多，太深，引起了公憤。於是慈禧派僧格林沁查明被參各款。僧格林沁經過查核，列出了勝保各項事蹟，如任性驕縱，濫耗軍餉；收受賄賂，抽釐肥己；攜妓隨營，納陳玉成之妻為妾；諱敗為勝，擅報大捷多次；優伶冒充親軍，按月提銀三千兩，以致各營枵腹荷戈等罪狀。最後這句什麼意思？他養了一批會唱京戲的人，冒充清軍隨營，按月提取三千兩來養活這批人，這樣一來就使得前線的將士都空著肚皮打仗。

兩宮太后見勝保劣跡斑斑，朝野異口同聲，心知無法再用。為實現垂簾之初廣開言路、清

慈禧《花卉圖》

明吏治的諾言，決定對勝保開刀。同治元年（一八六二）十一月，傳旨將勝保革職拿問，交刑部治罪，在京家產一併查抄。

同治二年（一八六三）三月，勝保押來京師後，由議政王奕訢會同刑部親訊。勝保自恃支持垂簾有功，不但不肯認罪，反而氣焰囂張。除攜帶姬妾一條外，其餘被參各款自以為無質證可對，概不承認，甚至反控原參各員誣告之罪，弄得恭親王左右為難。這時，御史趙樹吉上奏，認為勝保「罪狀昭著，雖置重典，無以蔽辜，請特申宸斷，以正刑章」。慈禧見勝保已成眾怒，正好借機殺一儆百以維護新朝權威，便以諭旨形式宣佈：「據勝保本日所遞訴呈內，博引律例，妄欲將原參各員治以誣告之罪，尤屬飾非亂是，膽大妄為，即立正刑誅，亦屬咎所應得。特念其從前剿辦髮、捻有年，尚有戰功足錄，勝保著從寬賜令自盡。」

勝保之死，確實咎由自取。但平心而論，被參各款，在當時不少統兵大員身上多少都有，只是勝保傷害別人太狠，樹敵過多，才招致殺身之禍。賜勝保自盡，既樹立了太后權威，又可示朝廷念其曾經有功而保其全屍之恩，一舉兩得。勝保一案，第一次顯示了慈禧恩威並用的政治手段。

垂簾之初，慈禧恩威並用，既獎勵有功之臣，又毫不留情地接連誅殺了兩位大員，以整飭綱紀。從此，她在政壇樹立了絕對權威，腳跟站穩了。

壓制奕訢

自辛酉政變以來的眾多事件中，奕訢都扮演了重要的角色。然而奕訢位高權重引起了慈禧的警覺，她絕對不允許別人挑戰自己的權威。那麼，她是怎樣壓制奕訢的呢？

壓制奕訢

從辛酉政變以來，在慈禧經歷的眾多事件中，奕訢都扮演了重要的角色，兩人一直是默契的政治合作夥伴。然而奕訢位高權重越來越忘乎所以，這引起了慈禧的警覺。慈禧絕對不允許別人削弱兒子的皇權，挑戰自己垂簾聽政的權威。這個時候的慈禧已經老謀深算了，不會輕易親自出馬。那麼，慈禧是怎樣壓制奕訢的呢？

同治四年三月初四，也就是西元一八六五年三月三十日。這一天，恭親王奕訢像往常一樣進宮朝見太后。在完成了例行的禮儀之後，慈禧太后拿出了一份奏摺，對恭親王奕訢說：有人彈劾你！

奕訢看了一眼奏摺，很不以為然，他輔佐朝政將近四年，可以說是政績顯著，太平天國的首領洪秀全已經身亡，太平天國的首都南京也已經攻克，清王朝迎來了起死回生的「同治中興」，這一切應該說奕訢功不可沒。他並沒有對這份彈劾的奏摺引起重視，所以很隨意地問慈禧：是誰彈劾我呀？

慈禧說：蔡壽祺。

這個蔡壽祺是翰林院編修，同治四年二月才做上日講起居注官，什麼意思呢？就是在宮裡面，為皇上講文史和禮儀的官員。講到這裡大家要注意了，這個蔡壽祺同治四年二月才重新任職，三月初四就彈劾恭親王奕訢，上任還不到一月呢。那他彈劾的是什麼內容呢？說奕訢：

貪墨、驕盈、攬權、徇私。

一共四大罪狀。意思就是說奕訢收受賄賂，驕傲自滿，大權獨攬，結黨營私。在奏疏的最後，蔡壽祺要求奕訢辭官引退，交出手中的權力。現在還沒有史料可以證明蔡壽祺這份奏疏受誰的指使而寫，但它出籠的政治背景是清楚的：太后與恭親王之間的合作已經出現了裂痕。

而當時奕訢聽慈禧說蔡壽祺彈

恭親王府

劾他，隨口就說：蔡壽祺不是好人！而且他還揚言要逮捕蔡壽祺。兩宮太后一看奕訢完全沒有要承認錯誤的意思，立刻大怒，馬上召見大學士周祖培、瑞常，吏部尚書朱鳳標，戶部侍郎吳廷棟，刑部侍郎王發桂，內閣學士桑春榮、殷兆鏞等。慈禧哭著對這些人說：奕訢培植私黨專權，漸漸管不了了，要治他重罪。眾大臣聽到要懲治恭親王奕訢，膽戰心驚不敢答話。

慈禧看到這種狀況，就開導這些大臣，說：你們應當念先帝的大恩，不要怕奕訢，奕訢的罪不可以縱容，要快速定罪。在這些大臣中，周祖培資歷最老，他把球又踢給了慈禧，回答說：這事只有兩宮太后才能決斷，我們不敢決定啊！

慈禧一聽這話，也不示弱，厲聲說道：如果這樣，要你們這些大臣有什麼用！以後皇上長大了，你們就不怕承擔責任嗎？周祖培聽說這話，可真是左右為難了。一方面，恭親王奕訢權傾朝野，誰敢治他的罪啊？另一方面，以後小皇帝長大了，如果

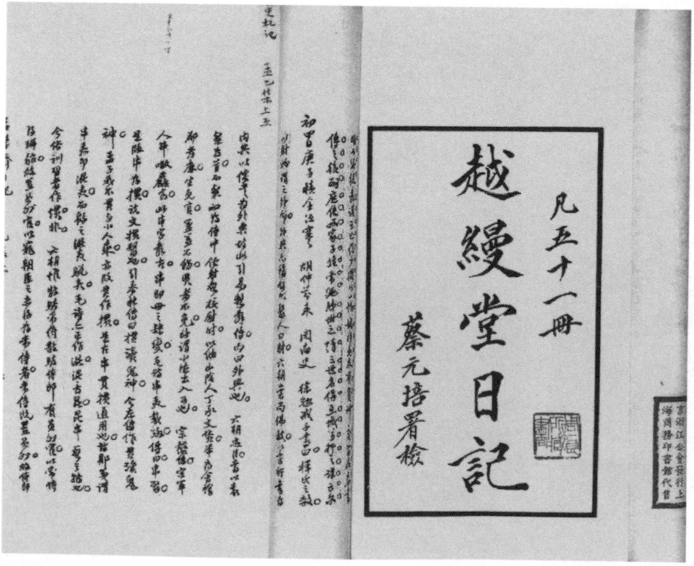

《越縵堂日記》書影

真怪罪下來，自己也是難辭其咎。他心裡一權衡，想到了一個緩兵之計，說道：如果要彈劾恭親王，就要有真憑實據，我們退下後仔細追查一下，並請大學士倭仁一起來處理這事。

倭仁是誰？他是小皇帝的老師，為人老成持重，做派清廉公正，慈禧太后是非常信任他的。聽到這話，慈禧才命令這些大臣退下，而此時這些大臣早已經汗流浹背了。

我們剛才講的，是《越縵堂日記》中記載的內容。它的作者叫李慈銘，這個李慈銘消息非常靈通，因為他跟當時的朝廷權貴往來非常密切；還有就是他為人正直，尤重名節。所以他的日記大多是可信的。這段日記主要寫出了兩個場景，一個是奕訢在太后面前非常狂傲，還有一個就是太后向周祖培等大臣的哭訴，就像四年前兩宮太后向小叔子奕訢哭訴受到了顧命八大臣的欺壓情狀一樣。我們都說女人愛哭，但是如果以太后之尊，向非親非故的大臣哭訴，肯定是對奕訢不滿很久了，現在是忍無可忍，不得不宣洩出來。

在慈禧垂簾聽政的這四年裡，奕訢政績顯著，可以說是勞苦功高。慈禧和奕訢之間也一直都合作得很默契。那麼，他們之間為什麼會出現裂痕呢？

我們先來看奕訢這方面。自從辛酉政變之後，奕訢集議政王、首席軍機大臣、總理各國事務衙門大臣、宗人府宗令、總管內務府大臣、領神機營、稽查弘德殿一切事務等要職於一身，政治、外交、軍事、皇室事務一把抓，成為朝廷中權勢最為顯赫的王爺。

按照他的才能和管理能力來說，確實是才智過人，稱得上晚清史上最具才能的王爺。可以說，沒有奕訢和他的簇擁，就不可能有「同治中興」的局面，就沒有垂簾聽政之初的政績。但是，可以說是成也蕭何，敗也蕭何，這些功績也使得這位年僅三十三歲的王爺開始驕傲起來。面對兩宮太后，奕訢有時候的言行有點忘乎所以、不知檢點起來。

當時人王闓運在《祺祥故事》裡面就記載了一個故事，說奕訢被太后重用，每天上朝的時候都侃侃而談，忘了時間。太監送茶進來，兩宮太后一定會說，給六爺茶。六爺就是恭親王奕訢。有一天，奕訢在御案前站了很久，拿起茶剛要喝，忽然意識到，這個茶是給太后喝的茶，所以放回原來的地方。兩宮太后看到這事兒，就譏笑奕訢。這一記載，說明奕訢在兩宮太后面前忘乎所以，已經引起了太后的不快和警惕。這是奕訢和兩宮太后的矛盾。

正是因為慈禧與奕訢產生了矛盾，所以彈劾奕訢的奏摺，可以說是稟奏得恰到好處，正中慈禧下懷。那麼奏摺裡揭發的罪行，能否治奕訢的罪呢？

奏摺上說奕訢「徇私」，是不是有這事兒呢？《祺祥故事》中有一則記載，說：「奕訢及入樞廷，需索尤繁，王恆憂之。福晉父（即奕訢岳父桂良）故總督也，頗習外事，則以提門包為充常例。王試行之，而財足用，於是府中賄賂公行，珍貨猥積，流言頗聞，福晉亦患之。」從這段記載可以看出來這翁婿二人是生財有道，流言已經滿天飛了，眼紅的大有人在，只是奕訢權勢如日中天，大家敢怒不敢言而已。

而就慈禧太后而言，確保兒子的皇權不受削弱，自己垂簾聽政的權威不受挑戰，是她堅定不移的準則。她受過肅順等八大顧命大臣壓制的艱苦，對權臣專權深惡痛絕。在她垂簾之初，封奕訢為議政王，是因為她自己政治經驗不豐富，所以向奕訢學習管理經驗，而奕訢也只是充當諮詢顧問而已，慈禧絕不允許再次出現藐視自己和僭越的隱患。而且這個時候，國內形勢已經轉好，太平天國和捻匪的老巢都已滅了，國內的農民起事只是餘燼而已，皇朝已經轉危為安了，就更不能容忍奕訢的張狂了。慈禧的這種心態，想必在有意無意間有所流露，已在王公大臣中秘密流傳。

而蔡壽祺嗅出了其中味道，摸准了慈禧太后與奕訢間已有裂痕，才敢於寫出這份彈劾的上奏。可以說他這個彈劾非常大膽，因為恭親王奕訢，可以說是一人之下，萬人之上，而他竟敢彈劾奕訢，大家都叫他「蔡敢言」。

三月六日，也就是召見的第二天，大學士倭仁奉命和周祖培等人一起審訊蔡壽祺。蔡壽祺承認他所彈劾的四個方面都只是聽說，並沒有具體證據。他才重新做官不到一個月，怎麼可能知道得很具體呢。倭仁根據蔡壽祺的回答覆奏慈禧，說明彈劾只是猜測並無根據，但是慈禧在上次召見時，已經說過要懲辦奕訢，所以他奏摺裡面又加了一句，如果恭親王平常嚴於律己，怎麼會遭到這種非議呢？最後提出了處理意見：削減奕訢的權力。但削減什麼，削減多少則要由皇上決定。皇帝還小，其實就是交給慈禧太后決定。

恭親王奕訢和慈禧之間有矛盾已經成為公開的秘密。各位大臣雖然揣測到了慈禧要削弱奕訢的權力，但是處置到什麼程度是好，大臣們還是不敢確定，所以這場太極推來推去，又推到了慈禧的手中。

慈禧看到倭仁的奏摺後，立刻將自己親筆寫的上諭發交內閣。慈禧太后的原意是要將奕訢的職務一擼到底。上諭稱：

恭親王從議政以來，妄自尊大，諸多狂傲，依仗爵高權重，目無君上，看朕沖齡，諸多挾政，往往暗使離間……朕歸政之時何以能用人行政？……恭親王著毋庸在軍機處議政，革去一切差使，不准干預公事，方是朕保全之至意。特諭。

慈禧的這個上諭雖然經人修潤，但我們仍然可以看出來，這篇上諭文句粗俗，言辭激烈，符合慈禧略通文墨、欠缺文采的實際。上諭中那些出自慈禧之手的種種指責，表明了她和奕訢的裂痕；而上諭中那句「朕歸政之時何以能用人行政」，意思是皇上能夠親政的時候怎麼能讓別人來管理政務，這句話充分顯示慈禧擔憂皇權旁落的深謀遠慮。為了自己，也為了兒子，她必須現在就動手消除隱患，革去奕訢一切差使。

但是，慈禧低估了奕訢的影響和能量。上諭頒下後，被她選定替代奕訢的惇親王奕誴，竟於初八日上折為奕訢鳴冤叫屈。奕誴是道光皇帝第五子，咸豐帝的弟弟、奕訢的哥哥，他出面替奕訢求情，其實也代表了其他幾位皇叔的意見，這使慈禧不得不考慮他的請求。當天，她傳諭王公大臣和內閣詹翰等會議討論，並口傳懿旨。

初九日，大臣們按諭旨集議。可是問題來了，竟然有兩個懿旨。大學士倭仁傳達太后初七那天的懿旨，說：「奕訢狂肆已甚，必不可復用。」也就是說，奕訢太猖狂了，一定不能再用了。接著，文祥傳達了慈禧初八下達的懿旨，大意是：朝廷用人取捨，應該秉公擇定。你們認

倭仁行書七言聯

為國家離不開恭親王，可以與外廷共同討論。如果大家認為可以復任，我聽大家的意見可也。兩人傳達的懿旨，居然大相徑庭，眾人譁然。

慈禧太后本想懲治奕訢，不想卻遭遇了巨大的阻力，聰明的她給大臣們留了兩份矛盾的旨意，打了一個啞謎，讓大臣們商議究竟該如何懲辦奕訢。可以說這是慈禧與奕訢之間一次權力的博弈。那麼這場爭奪的結局究竟如何呢？

十四日，內閣再次開會商議彈劾奕訢的事情，會上對奕訢的去留意見紛紛，概括起來有兩種：一種是以大學士倭仁為代表，認為彈劾奕訢的四個罪名雖然沒有根據，但決非事出無因。倭仁堅持慈禧召見他時下達的懿旨：恭親王不能再用了。另一派，是以肅親王、醇郡王為代表，堅持不能罷斥奕訢，因為彈劾的奏摺根本是查無證據。最後，肅親王、醇郡王的意見得到了多數人的支援，也就是認為不能罷黜奕訢。所以倭仁只好多次修改擬定的疏稿，讓慈禧親自裁決。

面對眾多王公大臣的說情，慈禧採取了去其根本、留其枝葉的辦法，於十六日頒發上諭，聲稱這次將奕訢之事交廷臣會議，正是為了「小懲大誡，曲為保全之意」。現在覽閱王公大學士等所奏，恭親王雖有錯，但還可以再用，宣佈恭親王仍管理各國事務衙門事務。於是恭親王重被錄用，但免去了議政王和軍機大臣兩件最重要的差使。

朝廷這樣的處理，使許多人不服，不時有人上奏為恭親王說情。而且，自從奕訢被開除出軍機處後，不僅一些駐京的外國使臣紛紛探詢緣由，而且許多政務，因為以前都由奕訢主持，現在奕訢一離開，這些事物就都脫節了。軍機大臣

清代軍機處

文祥、寶鋆等都是奕訢的得力助手，奕訢開缺後的一個月中，他們往往以缺了首席大臣難以正常運作為由，使這個皇帝的機要秘書處工作常常呈現出脫節之狀。

這一切，使慈禧懂得了欲速則不達的道理，也悟出了權威與造勢間的微妙關係。她立即掉頭轉向，於四月十四日，以兩宮太后的身份召見奕訢，大約對他重申了上諭中說的「小懲大誡，曲為保全」之類的安撫話；奕訢當然不是傻蛋，聽出了弦外之音，便以無地自容而伏地痛哭。雙方都有了臺階可下。於是當天發佈上諭，讓恭親王仍在軍機處任職。

歷時三十九天的一場權力鬥爭，以革去奕訢的議政王而落下帷幕。那個以參劾奕訢而掀起軒然大波的蔡壽祺，只受到了降二級調用的處分。這種處理，令人不得不懷疑他的參劾是否與慈禧暗中指使有關。

雖然這場權力鬥爭，慈禧並沒有達到罷黜奕訢的目的，但是，經過這次的交鋒，慈禧終於丟掉了議政王的政治拐棍，開始邁開獨立主政的步伐。至於恭親王奕訢，經過這場風波，言行上確實有所收斂。但要他做個沒有主見的平庸之輩，就他的才智和對皇朝的忠誠來說，無此可能。這就意味著他和太后的矛盾，還將在新的形勢下再次爆發。不過到那時，太后已經成了人見人怕的「老佛爺」，再也不會像這次有這麼多的人為他抱不平了。

興辦洋務

面對外患，慈禧一直給世人留下賣國求榮的印象。那麼慈禧對列強的蠶食到底持什麼態度？她在晚清那場抵御外辱力圖自強的洋務運動中扮演了什麼角色？

興辦洋務

慈禧上臺不久就表現出了恩威並施的強硬政治作風，這對清政府剿滅太平天國和捻亂、清除內憂具有重要的作用。但是面對外患，慈禧卻一直給世人留下賣國求榮的印象。那麼慈禧對列強的蠶食到底持什麼態度？她在晚清那場抵禦外侮力圖自強的洋務運動中扮演了什麼角色？

慈禧垂簾聽政以後，曾經在她主持清王朝長達四十七年的過程中，默認和支持洋務運動，那麼，她怎麼會有這種借法圖強的念頭的？事情要從「阿思本艦隊」說起。同治二年四月，也就是西元一八六三年五月，北京正是春暖花開的時候。清王朝海關總稅務司英國人李泰國興致勃勃地來到總理衙門，向恭親王奕訢報告說，他在英國為清政府購買軍艦，已經組建成「英中聯合海軍艦隊」了。這個艦隊，後人又稱它為「阿思本艦隊」。李泰國的匯報讓奕訢大吃一驚。原來這個英國人李泰國擅自做主，跟艦隊司令阿思本海軍上校簽訂了十三條合同並制定了《英中聯合艦隊章程》。

這個合同什麼內容？合同規定，這支艦隊由英國人

李泰國像

阿思本擔任司令，任期四年；艦隊司令阿思本，只能執行由李泰國轉交的中國皇帝的命令，不接受皇帝以外清政府下達的任何命令；而且這個艦隊的成員、水手，都由阿思本親自挑選，經過李泰國批准以後才能任用；這支艦隊不用清皇朝旗幟，用外國式樣的旗幟，定以綠色的底子，中間有兩黃條相交，心內畫一條黃龍。不僅如此，李泰國、阿思本兩個人還擅自制定了《英中聯合艦隊章程》，這個《章程》規定：凡是作戰中獲得的船或者貨物，其中三分之一歸清政府，餘下來的全部都由阿思本及艦隊自行分配。

很顯然，這支所謂的英中聯合艦隊的大權掌握在英國人手裡。那麼，清政府為什麼要建立這支海軍艦隊呢？清政府的第一支海軍艦隊最終命運如何呢？

原來，為了鎮壓太平天國，清政府想通過英國人李泰國向外國購買兵艦，組成一支新式海軍。李泰國意欲乘機把這支艦隊控制在英國手裡，便自作主張組成了英中聯合艦隊，私自制定了章程。按照《英中聯合艦隊章程》和他的合同，實際上把中國的兵權、船權全部交給了英國。所以奕訢聽了李泰國的匯報以後，大為吃驚，當場表示不能接受，雙方僵持了將近一個月。「阿思本艦隊」事件就成了慈禧垂簾聽政以後所遭遇到的第一件棘手的對外交涉。

同治二年八月初六，也就是西元一八六三年九月十日，這個艦隊的司令阿思本率艦到達天津。阿思本親自到達北京，跟李泰國一起到總理衙門叫板，向總理衙門施加壓力。事情到了這個地步，奕訢決定拒絕訛詐，他在向慈禧、慈安兩宮太后奏准後，下令免去李泰國海關總稅務司職務，也不批准他同阿思本簽訂的任何協定，解散阿思本艦隊。經過總理衙門和英國公使卜魯斯的外交斡旋，阿思本結束了來華使命。

然而，為了這支艦隊的事情，清政府付出的代價是什麼呢？「阿思本艦隊」拿到了清政府給予艦隊全體官兵的工薪、酬勞、來往的經費以及清政府給的一萬兩賞銀，然後回英國；艦隻賣給別國以換回購艦費用。這樣，同治初年的一場外交鬧劇終於結束，清政府在試圖組建自己新式艦隊的過程中，先後支付了包括購艦、外人俸餉、來回路費等，一共一百七十三萬兩千兩銀子，作價收回來的是一百零六萬八千兩，白白損失了六十七萬兩。更為重要的是，通過這場事件，慈禧和她手下的大臣們得到了一條非常重要的教訓，就是要使自己強大起來。在自強的過程中，必須借助外國的辦法，可是不能使權力操縱於外國之手。所以恭親王奕訢也好，兩江總督湘軍大帥曾國藩也好，江蘇巡撫淮軍統帥李鴻章也好，從這個事件中，都感到在引進西方船炮來圖自強的過程中，必須警惕外國乘機控制，只有權操己手，才能借法自強。從此，如何自強的問題被提到日程上來。

於是，一場「師夷長技以制夷」的洋務運動就逐漸開展起來了。

在「師夷長技以制夷」思想的指導下，清政府啟動了曠日持久的洋務運動。那麼這次「自改革」的推行是否順利？剛被壓制的奕訢，又在洋務運動中扮演了什麼樣的角色呢？

同治五年十一月初五，也就是西元一八六六年十二月十一日，恭親王奕訢上奏請求在京師同文館內設立天文算學館，專門教習天文、算術等自然科學知識。為什麼奕訢要上這個奏摺？原因是他從咸豐三年（一八五三）開辦洋務以來，逐步意識到，一切的洋務活動，一切的西方技術，都是建立在數學的基礎上，不學數學而借法自強是困難的。因此，奕訢才有這樣一個奏摺，請求在已經開辦的京師同文館中，增設天文算學館，專門教習西方的天文、算學等自然科學知識。天

京師同文館

文算學館的招生物件是誰呢？是滿、漢的舉人和貢生，以及正途出身五品以下的滿、漢京外官員，館內聘請洋人做老師。這是他的第一份奏摺。

十二月二十三日，奕訢上了第二個奏摺。這個奏摺申述了學習西學、借法自強的重要與急迫；同時建議擴大招生範圍，凡是翰林院編修、檢討、庶起士以及進士出身的五品以下京外官員都可以報名入學。

到同治六年（一八六七）正月二十一日，奕訢上第三個奏摺。大家可以看到，奕訢三個月來三次上奏摺，可見他對於興辦洋務、圖強救國的急迫願望。他推薦徐繼畬作為總管同文館事務大臣。這個徐繼畬確實是一個人物。他是山西省五台人，乾隆六十年（一七九五）生，道光進士。他在道光二十四年，也就是西元一八四四年的時候，作為福州布政使，負責福州開埠。他直接負責處理福州地方發生的中英交涉，因此可以說他是鴉片戰爭以後，清政府第一代對外交涉的官員之一。由於他關心事務、瞭解外情，曾經被道光皇帝召見，他的奏對讓道光皇帝感到非常好。奕訢把這樣一個歷仕三朝的老臣推薦出任總管同文館事務大臣，也就是相當

徐繼畬像

於現在的國立大學之校長，一來是借重他的聲望、學問；二來是為了消除學生和社會輿論可能產生的疑問，就是「專以洋人為師」，他奏摺中說徐繼畬「老成持重，品學兼優，足為士林榜樣」。

恭親王連續三個奏摺呈上去以後，得到兩宮太后特別是慈禧的同意，可是朝廷裡面一批反對學習西方、反對開展洋務運動的保守大臣，對奕的奏摺進行了抨擊，由此引發了一場針鋒相對的爭論。

在奕訢的強勢推動下，洋務運動的步伐開始加快，而慈禧此時也掂量出洋務運動對於拯救時局的重要意義，在改革與保守兩派群臣的爭論中，慈禧正在等待合適的時機。

爭論是從同治六年（一八六七）正月二十九日，掌山東道監察御史張盛藻上奏開始。張盛藻的奏摺指責奕訢讓科甲正途出身的官員到同文館學習天文算學，是提倡「重名利而輕氣節」，如此一來是要提倡「學技巧而入歧途」，就是讓這批人僅僅學習西方的技巧，這會誤入歧途。奏摺上去，慈禧太后看了以後，大不以為然，她認為這是胡說八道。所以，慈禧讓內閣擬旨駁斥，大意是說學習天文數學，不過借西法來圖強，並不是不要孔孟之道而使人誤入歧途，怎麼會妨礙人心呢？這個上諭理正詞嚴，把保守派駁得啞口無言。聖旨下來後，奕訢就加快了籌辦的步伐。

然而事情沒有結束，到了二月十五日，保守派領袖、德高望重的文淵閣大學士、同治皇帝的老師倭仁出場了。倭仁上奏摺反對開設天文算學館。他認為，立國之道，是崇尚禮儀而不是崇尚權謀；國家根本的目的，是在人心，而不在各種各樣的技藝。他把爭論的重要性歸結到何以立國，靠什麼圖強的高度。因此他在奏摺中進而認為「師事夷人」，向西方學習的結果，必然是中國成了西方的天下。他氣憤地說：「夷人，吾仇也。」西方是我們的仇敵，我們學習西方就是學習我們的仇敵，所以是「事仇」，這是件最為可恥的事。進而他得出結論：以中國之大，人口之多，必定有精於天文數學的這種人，何必要向外國人學。

慈禧太后對倭仁一向敬重，不僅授予他很高的職位，而且任命他做小皇帝的師傅，用他的人品、學問來教導兒子成器。但是她看到倭仁的奏摺以後，並不以為然，於是當天召見倭仁。慈禧跟倭仁的對話，我們現在不清楚，可是從《翁同龢日記》二月十五日的記載來看，當時慈禧召見倭仁問話的時候，「倭相未能悉暢」，即理由沒有講得很順暢，於是話題就轉到小皇帝學習的功課上來，倭仁就老老實實地告訴了太后。《翁同龢日記》說「倭相未能悉暢」，有兩種可能：一是倭仁拙於言辭，不能夠暢所欲言；第二個是他講的跟奏摺上面講得大致相同，沒什麼新意就轉換了話題。從事後的情況來看，我覺得第二種可能性較大。於是問話之後，慈禧就將倭仁奏摺發交總理衙門處理。

恭親王讀了倭仁的奏摺以後，感覺到必須反擊。於是三月二日，奕訢向皇帝上了一個奏摺，他重申招收科甲正途的人學習天文算學的重要性，同時提出來倭仁既然認為這件事情有不好的地方，想必他一定有更好的辦法，如果真有好的辦法能夠壓治外國人而不為外國人所治，我期望能夠追隨倭仁之後。然後，他話鋒一轉，如沒有別的好的辦法，僅僅以所謂「忠信為甲冑，禮義為干櫓」，說這樣做可以置敵於死命，我不敢相信。很明顯，奕訢的奏摺是用以退為進、以攻為守的辦法，讓倭仁拿出比自己更好的辦法來謀自強，把「皮球」踢過去了。

倭仁在三月八日再上一折，他繞過奕訢的反擊，提出如果奕訢的「師夷長技以制夷」的辦法，真正能有把握使中國自強起來，這不是很好嗎？如果不能成功那不如不要做了。把「皮球」又踢過去了。

三月十九日，奕訢再上奏，他實話實說，說我

李善蘭，清代數學家、天文學家，曾任同文館天文算學總教習。

這個辦法有沒有把握實在難以預料，也就是說興辦洋務這個舉動結果如何，是很難預期的。然後他話鋒一轉，抓住倭仁奏摺中的「天下之大，不患無才」，戳他一槍。他要倭仁保舉幾個人，請他擇地另開一個館，由倭仁督導來看他的成效。

這份奏摺上去以後，慈禧太后接受了奕訢的這個建議，她讓倭仁照此辦理。於是，奕訢踢過去的皮球經過慈禧太后一腳，打正了倭仁的大門。倭仁不得不上折承認，「奴才並無精於天文算學之人，不敢妄保」，我前面說的僅僅是「以理度之」，想想而已，同文館既不能中止，我前面的奏摺已經沒有必要再討論了。

但是朝廷不依不饒，仍然下旨要倭仁隨時留心，一旦訪到可用的人立即保奏，設館教

總理各國事務衙門儀門

習，以收實效。三月二十一日，朝廷下旨要倭仁在總理事務衙門行走。這道上諭使得倭仁極為難堪，李慈銘的《越縵堂日記》認為，以宰相之尊充總理衙門驅使之役，實在是太作踐倭仁了。倭仁用一片忠心換來的是難堪的侮辱，他太傷心、太難受了，結果氣出了毛病。倭仁一病倒，同文館爭論雖然餘波猶在，但正面衝突已經結束。

慈禧太后作為朝廷的最高仲裁者和決策者，她把砝碼投向天平兩端的奕訢一端，看起來似乎不可理解。這一年是一八六七年，她和奕訢之間的權力鬥爭剛剛以互有勝負收場，而倭仁是堅定地支持太后的，他力主恭親王「不可復用」。那麼太后在這場爭論中為什麼不偏向他而支持奕訢呢？細細地想來卻自有道理。那個時候的慈禧，不愧是個以皇朝基業為重，頭腦清醒的女主。她革去奕訢議政王頭銜、保留其他的職務，是為了削除重臣危及皇權的隱患而利於用其所長；她支持奕訢開辦天文算學館，是為了借西法圖自強以保大清長治久安。她從自己出逃京師的恥辱中，已經清醒地看到西方船堅炮利的優勢和清軍大刀長矛之不足，所以認定制器練兵、求強求富是有利於皇朝的富強之舉的。她從來不懷疑倭仁的忠心，但是不同意他的迂腐守舊。所以慈禧在支持什麼、反對什麼的問題上，只有一條標準：看是否對皇朝強盛興旺有利，不問親疏，只論利害。正是這種理念和做派，才使興起不久的洋務運動得到朝廷的支持而能夠長久進行下去。

如果說同治六年的同文館之爭，是一場革新和守舊之爭的話，那麼慈禧太后在這場爭論中，所扮演的是革新力量保護者和仲裁者的角色！

同治帝親政

同治皇帝六歲登基，可是十七歲才真正掌握實權。慈禧為什麼遲遲不肯把皇權還給兒子？她真的是一個嗜權如命的女人嗎？為什麼在同治親政的短短兩年時間裡，會爆發了晚清歷史上最嚴重的一次政壇危機？

同治帝親政

同治皇帝六歲登基，可是十七歲才真正掌握實權，成為清朝歷史上最晚親政的少年天子。那麼慈禧為什麼遲遲不肯把皇權還給兒子？她真的是一個嗜權如命的女人嗎？為什麼在同治親政的短短兩年時間裡，會爆發晚清歷史上最嚴重的一次政壇危機？

時間過得真快，轉眼之間，坐在簾子前面的小皇帝已經十七歲了，可以親政了。小皇帝長大了，要親自主持朝政，這本來是天經地義的事情，沒什麼可議論。但是同治皇帝親政的年齡是十七歲，可以說年紀是比較大的。在清朝即位的那些小皇帝中間，順治帝和康熙帝都是十四歲就親政了。為什麼同治帝親政這麼晚？是不是慈禧貪戀手中的權力，不肯還政給兒子呢？這就值得探討了。

以往研究晚清史的人，都沒有注意到這

同治皇帝游藝怡情

個問題。而要回答這個問題，就要從同治帝載淳從小的教育說起，載淳六歲的時候就開始讀書了，慈禧對載淳是寄予厚望的。我們看一下載淳的學習計畫，這個學習計畫，是恭親王奕訢奉太后之命制訂的。小皇帝每天先要學習拉弓射箭，然後依次學習蒙古文、滿文和漢文。每隔五天，下課以後要在宮中長街學習騎馬。這個課程表，應該說既包含了文治，又包含了武功，清王朝入主中原以後，基本上都是沿襲這個教育思路對皇子進行教育，所以培養出了像康熙帝、雍正帝、乾隆帝這些傑出的皇帝。慈禧也打算按照這個思路來培養同治皇帝，希望他成為一代明君賢主。

像剛剛開始讀書的兒童一樣，小皇帝一開始學得很認真，慈禧假裝從窗外經過，偷偷地看兒子讀書讀得怎麼樣，她發現兒子坐得很端正，讀得很認真，心裡非常高興，也很欣慰。可是過了一段時間，小皇帝對讀書就不耐煩起來了。你想，那麼小的孩子，又沒有什

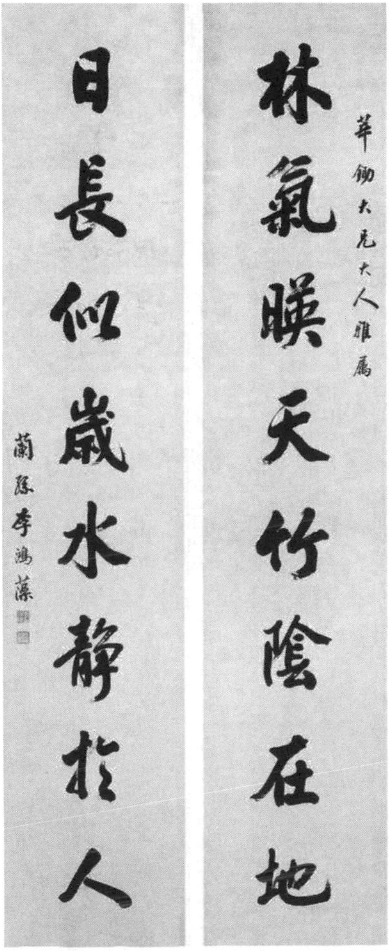

李鴻藻行書八言聯

麼週末的休息，學習任務又很重，怎麼可能不煩躁？他覺得讀書很枯燥，所以想請假翹課。哪知道老師李鴻藻不准假，所以小皇帝發脾氣了，他把書本扔到地上去。老師李鴻藻看到皇帝把書扔在地上，不想學習，氣得渾身發抖，眼淚也流了出來。他想，這是未來的天子，要掌管一個國家的命脈，不認真讀書，將來怎麼管好天下呢。所以老師李鴻藻堅持讓載淳把書本從地上撿起來繼續上課，但是小皇帝不肯，雙方就僵持起來。僵持到一定程度，載淳看看挨不下去了，不得不從地上把書本撿起來，繼續聽課。但是從此以後，載淳就身在曹營心在漢，讀書非常不用心。可以說，同治皇帝是清代十二個皇帝中最沒有文化根底的皇帝。我們根據史料的記載可以看到，載淳十六歲的時候還不能通讀奏摺。你想想看，一個皇上，看不懂大臣上的奏摺，那怎麼處理朝政呢？所以這也是慈禧遲遲不肯歸政的原因之一。

至於說慈禧是不是貪戀權力，客觀地說，不能說沒有，但是同治帝畢竟是她的親生兒子，即使她有貪權的願望，恐怕也不至於不讓兒子親政。她在垂簾聽政的懿旨裡說過，一旦皇帝「典學有成」，學業達到要求，她就歸政，讓皇帝親政，所以，她的兒子不肯認真讀書，遲遲達不到學業的要求，是慈禧比較晚歸政於同治帝的一個很重要的原因。

應該說，在晚清的政局危機中，清朝比以往更期待著一個英主，帶領王朝走出困境。然而

慈禧所組建的龐大的教師團隊以及一脈相承的教育體系，並沒有使同治帝成為明君。相反，慈禧揠苗助長的教育方式，引起了同治帝在皇權問題上的猜忌。

有一條記載，據說載淳十二歲的時候，有一次讀書，故意把皇帝的帝字，讀成了屁字。這當然可以看成是小孩子的頑皮，但是從中我們也可以看到載淳已經對做傀儡皇帝有了反感。一方面望子成龍，但是管教非常嚴厲，另外一方面還是一個小孩子，很希望親政，對嚴厲的管教非常反感。所以在這兩方面原因的交互之下，一直到了載淳十七歲，慈禧太后感到這個時候可以歸政，不能再拖了。

載淳十七歲的時候，他在親政大典上發表了一番言論，表示一定要做一個好皇帝。這一段諭旨怎麼說的呢？他說要：

勤政愛民，義安民生，克勤克儉，勵精圖治，恪盡職守，開拓進取。

我想這些詞句大家都能看得懂。如果說，載淳的這些承諾都實現了，那他還算得上是一代明君。可是馬上發生的一件事情，可以說同治帝是自食其言，而且傷害了民心。這是怎麼一回事呢？原來親政不到一年，也就是同治十二年（一八七三）九月，同治帝發佈上諭，以怡養孝親太后為名，決定重修被英法聯軍燒毀的圓明園。

圓明園被稱為萬園之園，占地面積大約是五千二百畝，從最初的建設到後來的不斷完善，一共經歷了一百五十多年，可以說花費巨大。同治帝要重修圓明園，可是當時的清政府哪裡有這個財力呢？當初英法聯軍入侵的時候，簽訂了《北京條約》，中國一共要賠償一千六百萬兩白銀。根據有人統計，當時清朝的國庫存銀數額只有多少呢？講起來可憐，只有六萬九千四百兩。你想，國家的庫房裡

圓明園方壺勝境

圓明園大水法石壁及水池

只有六萬多兩，而賠款要一千六百萬兩，這個數目多大。可以說當時的國庫是枯竭了。在這種情況下，同治還要搞「形象工程」，這樣一來，大臣們就紛紛上疏來阻止這個年輕皇帝的胡鬧。

這一年的十月初一日，陝西道監察御史沈淮首先上上疏，上疏裡面說：

今時事艱難，仇人在國，即庫藏充溢，亦不當遽議興修。

意思就是說，當時國庫非常不充裕，時事也非常艱難，國內還有我們的心腹之患；即使是國庫很充裕的情況下，也不應該遽然提出來要修圓明園。沈淮的建議應該說是合情合理，也反映了當時普遍的心態。可是同治帝看到這個奏摺以後，非常憤怒，立即召見沈淮，對沈淮一番斥責。那個號稱「鐵腦殼」的沈淮不得不灰溜溜地走了。不管大臣們怎樣勸說，同治帝還是決心要把園子修下去。

苦等了多年才終於親政的同治帝，並沒有珍惜這來之不易的權力，他把親政大典上的誓言，遠遠地拋在了腦後，在朝廷的一片反對聲中，他一意孤行，要把維修圓明園的工程進行到底。

其實同治帝重修圓明園，也有他自己的私心，他是想為自己營造一個娛樂的場所。我舉一個例子，圓明園沒有燒毀以前，有一個戲臺叫同樂園。這個同樂園戲臺原來有三層高，非常漂亮，好幾朝的皇帝都在這裡聽過戲。這次重修，因為經費緊張，本來準備要改成兩層的，結果同治帝就是不依不饒，一定要按照三層的老樣子建起來。我們來看一下同治帝在修圓明園過程中的表現：同治十三年（一八七四）正月十九日，圓明園重修工程正式啟動。同治帝陪同慈禧太后親臨視察，視察以後表示他要親自督察園工。從此以後，同治帝就接二連三地去圓明園，監督修園子。

你們想，同治帝放著好好的皇帝不認真做，到圓明園當起監工了，這可急壞了朝中的老臣。這些老臣都經歷了咸豐末年的內憂外患，好不容易經過十年的勵精圖治，太平軍被鎮壓了，西方列強也沒有再發動進一步的侵略。國家狀況剛剛有所好轉，皇帝就大興土木，荒廢政務，朝臣們就不能再沉默了，於是就一次一次地勸阻。

到了六月份，大臣們的勸阻已經從國庫不充裕的角度，漸漸轉向了對皇帝懈怠朝政、荒廢學業的表現提出勸告。事情的性質已經起了變化，已經不是單單的是否要重修園林的問題了，而是變成了大清王朝在這樣一個皇帝的管治之下，前途會如何。顯然，矛盾已經指向皇帝了。

在這個過程中，以恭親王為首的一批重臣，於七月十六日上了一個奏摺，使得這場皇帝與大臣們的衝突達到了頂峰。奏摺說什麼呢？

列祖列宗創業艱難，後世之君守成不易……望皇帝勤政、勤學、遵祖制、慎言動。

同治帝看了這個奏摺以後是既恨又怒，他覺得這是奕訢專門跟自己這個剛剛親政不久的皇帝過不去。同治帝召見奕等重臣，大怒說，我這個位子讓給你怎麼樣？嚇得大臣們伏地磕頭不斷。但是奕訢畢竟是皇叔，他一路輔佐小皇帝一點點長大，覺得自己也是勞苦功高，為國家著想，所以他不甘示弱。最後他放出了狠話，他一面哭著，一面勸同治皇帝，說皇上，你今後不要再微服私行了。奕訢這樣一說，可真是抓到了同治帝的把柄。因為他平時經常夜間偷偷溜出宮外，夜不歸宿。同治帝一聽心就虛了，心虛之下，他給自己找了一個臺階，說：修園這件事情讓我再跟太后們商量商量。於是，這一場長達兩個半小時的廷爭，表面上結束了，可是實際上，君臣之間的這場衝突，卻向著惡化的方向發展。

在這場君臣間的激烈對抗中，同治帝可以說是龍顏受損，威信全無。那麼，意氣用事的他，醞釀出了一個怎樣的復仇計畫？這場晚清政壇中的政治危機將會如何收場？而退居暗處的慈禧，對兒子的任性妄為會坐視不管嗎？

這個時候發生了一件事，承辦園工的廣東商人李光昭被人揭發誆騙工程款子。李光昭是廣東商人，被同治帝委以重任。他在大臣們的揭發之下落馬了。這件事就反映了同治帝用人不善。

怎麼會被揭發出來誆騙工程款的呢？原來是這樣的：李光昭在訂購法國木料的時候，將原價只有五萬餘兩的價格，謊報成三十萬兩，這一謊報，價錢翻了六倍，在當時應該算得上巨貪了。所以，事情被揭發出來以後，朝野紛紛指責，說內務府勾結奸商，中飽私囊，戶部從此就不肯借款了。

園工停下來把同治皇帝惹惱了，七月二十九日下午三時，同治頒發朱諭，這個朱諭是這樣說的：

盡革恭親王所兼軍機大臣及一切差使，降為不入八分輔國公，交宗人府嚴處。

這道諭旨是非常厲害的，就是要把奕訢的軍機大臣以及一切差使全部開革，而且叫宗人府嚴辦。頒發了這道朱諭以後，同治帝的氣還沒有消，第二天他再次降旨：自己親政以來，每次恭親王奕訢說話都是話中帶刺，辦事有不力，而且多次失禮：

著加恩改為革去親王世襲罔替，降為郡王，仍在軍機大臣上行走，並載澂革去貝勒郡王銜，以示懲儆。

載澂是奕訢的兒子，原封郡王銜貝勒。父親有過，殃及兒子，同治帝把載澂的爵銜也革了。不僅如此，這道諭旨，又革掉了跟奕訢一起聯名上奏的十個王公大臣的職務，說他們跟奕訢「朋比謀為不軌」，這個罪名非常重大。這些王公大臣裡面，應該說既有同治皇帝的叔叔，也有同治皇帝的老師，其他的也都是朝廷的重臣，如果真的要把這十個大臣都革了職，那朝政可要癱瘓了。

這個時候一直躲在幕後的慈禧忍不住了。為什麼說她一直躲在幕後？因為坦率地講，要修圓明園慈禧心裡是非常高興的，她進宮的時候，跟咸豐帝的恩愛感情都是在圓明園，所以兒子要修圓明園，她當然很高興。但是她又是太后，不便說什麼，所以躲在幕後。可是一看到兒子做出這樣的蠢事，她就急壞了，忍不住了，急忙到東宮去把慈安太后請出來，兩個人奔到弘德殿，面見皇帝跟群臣。

史書記載說，當時慈禧流著眼淚，哭說十年以來「無恭王何以有今日」，皇上你少不更事，昨天頒發的諭旨立即給我撤銷。由於慈禧的發話，一場修園的鬧劇終於收場了。

通過這一場修園的風波，慈禧瞭解了同治帝的任性，她決定從此要嚴格管束，務必使兒子棄邪歸正，做一個真正的人君。我想這或許是這場風波給她帶來的教訓，但是這個教訓為時已晚，她的兒子即將被死神接走。

同治帝之死

同治皇帝十七歲親政，十九歲駕崩，成了清朝皇帝中最短命的一個。他究竟是怎麼死的？他的死到底和慈禧有沒有關係？她又是怎樣選擇皇位繼承人的呢？

同治帝之死

同治皇帝十七歲親政，是清朝少年天子中親政最晚的一個，十九歲駕崩，成了清朝皇帝中最短命的一個。同治皇帝在清王朝歷史上創造的這兩個之最，背後似乎都有慈禧的原因。那麼，同治皇帝究竟是怎麼死的？他的死到底和慈禧有沒有關係？

同治皇帝是清代十二個皇帝中最短壽的一個，他十九歲就駕崩了，年紀非常小。這麼年輕就死了，所以有不少的傳聞，說他是非正常死亡。這一節就是要講同治帝是怎麼死的。

為了講清這個問題，我們先回顧一下上一節說到的一個細節，當同治皇帝和恭親王當廷爭端的時候，奕訢就甩出了一句狠話，說你不要再微服私訪了。請大家注意，微服私訪是非常隱晦的一種說法，說白了就是你同治皇帝不要再外出尋花問柳了。當恭親王講這件事情的時候，還舉出了一個旁證，說他的兒子載澂就陪皇帝出去過。恭親王這樣說，有可能嗎？應該說他把自己的兒子載澂也搭進去作為證據，他絕不會胡說，否則他在自己臉上抹黑幹什麼？

講到這裡有人或許會問，皇帝都是後宮佳麗如雲，不說三千也是很多吧，為什麼還會跑到宮外去呢？這不得不從同治皇帝不幸的婚姻講起。按照道理，同治帝的皇后是他自己選中的，而且選中的這個人又是他非常喜歡的。可是問題就出在這裡，原來同治帝十七歲大婚的那一年，兩宮太后都為他看中了各自的物件。東宮慈安太后看中的是戶部尚書崇綺的女兒阿魯特氏，可是慈禧太后喜歡的是員外郎鳳秀的女兒富察氏。兩宮太后意見不一致，爭執不下，哪一個做皇后啊？

於是叫皇帝自己來決定。這個時候，同治皇帝的意見就顯得非常重要了。他在看了這兩個女人的照片以後，選的是慈安皇太后看中的阿魯特氏，也就是說，他否定了母親給他選的女人。這個阿魯特氏，據當時記載說，確實非常賢淑，而且非常有文采。兩口子結婚以後，同治帝跟她對誦唐詩，阿魯特氏不僅對答如流，而且還能夠指陳詩文的意義，解說這首詩的背景。這對於讀書很少的同治皇帝來說，非常驚訝，自己的老婆很有學問，講得很好。因此他對皇后非常喜歡，也非常仰慕。

慈禧對於這樣一個女孩子做自己的媳婦，心裡一直惱火，她感覺到自己的兒子不跟自己站在一條線上，反而傾向慈安太后，所以她對這件事情一直耿耿於懷。同治帝婚後，慈禧經常告誡兒子，不要老是到皇后的宮裡去。皇帝在

同治皇帝皇后阿魯特氏

自己母親的嚴格監督之下，經常獨宿乾清宮。但是同治帝畢竟是個年僅十七歲的青年，精力旺盛，獨居的日子一長，就很難熬，就要到宮外去找樂子。我們可以想一下，同治帝因為自己是皇帝，他要到宮外找樂子，又怕被同樣在外面找樂子的大臣們撞見。於是，他不敢到正規或者有名的妓院去，只能到下三爛的地方，找這種女人來尋歡作樂。所以，有人說他感染了淫瘡。什麼叫淫瘡呢？簡單地講就是梅毒，我個人認為，他感染梅毒的可能性是很大的。

同治的死因是清宮四大疑案之一，一直以來謎團重重，眾說紛紜。那麼這位清朝歷史上最短命的皇帝，真的是死於令人難以啟齒的梅毒嗎？在十九歲的花樣年華時，慈禧對兒子婚姻的橫加干涉，又和同治之死有著怎樣的關係？

同治帝是不是因為感染了梅毒而死的呢？歷史上持這種說法的野史筆記很多。其中有一則野史說，由於同治帝出宮淫樂，久而久之就生病了，開始的時候還沒有覺察到，後來臉上、後背上都長出了毒瘡。於是叫太醫來看，太醫大吃一驚，知道這是梅毒，太醫就請命於慈禧太后。太后傳懿旨說，這恐怕是天花啊。這樣，太醫就按照慈禧太后所說的天花來治同治帝的病。而同治帝的病越治越嚴重，他大為光火，說我又不是天花，為什麼按照天花來治呢？太醫回答說，這是太后的命令，同治帝就不再說話了。

這一段資料說得繪聲繪色，說是同治皇帝得的是梅毒，太后明知是梅毒，而以天花來治療，這樣同治帝就死了。這篇野史實際上就是說，慈禧貪戀權位，不願意治好兒子的病，生了梅毒當做天花來治，故意害死兒子。那麼我們想想這樣的說法合理嗎？我認為顯然是不合人倫之理的。慈禧即使再貪權，也不至於要害死自己的兒子。

關於同治帝的病情，他的老師翁同龢在日記裡是這樣說的，說同治臨死的時候，腰、臀間的潰瘍流膿日見嚴重，發展到腎水不濟，牙齦黑腫糜爛等情況。

這個記載似乎跟梅毒的發作很相像。那麼是不是梅毒奪去了同治帝的性命？根據醫學分析，一般來說，感染了梅毒需要經過三年才能發作出來。我們來看同治帝，十七歲大婚，外出尋歡作樂到發病不到兩年，也就是說梅毒發作致死的科學根據不足。

那麼同治帝是死於什麼呢？同治帝確實是死於天花。我們從翁同龢日記看，他明確說皇帝得的是天花。《日記》對同治帝得病原因、發病及醫治、用藥，每天都有記載。《日記》稱：同治得病的原因是他在西苑遊玩的時候著了涼。十天以後，也就是十月三十日，西元一八七四年的十二月八日，開始發疹。第二天，經過御醫診斷以後確定是天花。天花也就是我們現在說的出痘子。清軍入關以後，有許多皇子和公主都因為天花送了命。據說當年立太子的時候，就是因為康熙皇帝已經出過天花，才會選他當了太子。大家知道，康熙帝實際上是個「小麻子」，臉上有很多出天花留下的很細小的疤痕。

前幾年，中國第一歷史檔案館把檔案中發現的《萬歲爺進藥用藥底簿》這樣一本書，送到中醫研究院和北京醫學院來鑒定。專家們一致認為，同治帝患的是天花，是由於痘毒內陷，導致「走馬牙疳」而死的。所以同治帝應該是死於天花而不是梅毒。不過我這裡要客觀地說一句，同治帝之死，跟他尋花問柳把身子掏空了也不無關係。

我們再深一步分析同治帝之死的原因。如果慈禧不經常干涉兒子和媳婦的性生活，同治帝也不至於在大婚之後經常一個人睡在乾清宮。他想要有愛，但沒有人可以給他愛，於是他只能在夜間私自出外發洩。說慈禧害了兒子，應該不屬過苛之說，尤其是她明明知道兒子行為不端，有失帝德，不但沒有加以勸阻，而且不准臣下議論。從這一條說，她過分溺愛兒子，不是一個好母親。

作為清王朝的實際掌權者，慈禧沒有時間反思兒子的死是否跟自己有關。慈禧深知當務之急是選擇一個合適的皇位繼承人，這關係到自己權力的得失和清王朝的安危。那麼，慈禧最終選擇誰作為皇位繼承人？她又是怎樣保證自己的權力不被削弱的呢？

同治帝死了以後，選擇皇位繼承人就成了頭等大事。我們知道同治帝沒有兒子，在同治帝駕崩以後的一個小時裡，慈禧太后就傳諭召集各位親王、御前大臣、軍機大臣、總管內務府大臣、弘德殿行走、南書房行走一共二十九位大臣，到養心殿西暖閣去商量由誰來繼承皇位。我們可以想一想，慈禧在政治上一直是很成功的，她發動政變，削弱了恭親王的權力，實現了所謂的「同治中興」，做了大清王朝的實際主宰。但是她作為一個女人也是不幸的，她二十七歲死了丈夫，四十歲又死了兒子，在她的大半生裡，沒有家庭的歡樂，有的只是皇宮的高高院牆，以及一次次政治上和國事上的危機，所以她既成功，也不幸，值得後人同情。

這一次，她中年喪子，問題是誰來繼承兒子的皇位？她召集了王公大臣來討論，但是最後起作用的還是她。她對那些大臣們用嚴厲的聲音宣佈，說我姐妹二人，同持一心。同持什麼心呢？就是繼承皇位的人，若年紀大，我們倆都不願意。我們要的是小孩子，從小進行教育。我們決定立醇親王的兒子載湉作為文宗顯皇帝嗣子。文宗顯皇帝是誰？就是咸豐皇帝，就是說把醇親王的兒子載湉，作為咸豐皇帝的次子入承大統。這一套嚴厲的話一發下來，當時進宮的大臣們，都低著頭跪在那裡，一句話都說不出來，不敢有所反抗。這樣，慈禧一言九鼎就把這個問題搞定了。

那麼我們要問了：慈禧為什麼要選載湉呢？我分析有兩點原因：

第一，親上加親，值得信任。根據末代皇帝溥儀所寫的《我的前半生》這本書裡面說：「按照祖制，皇帝無嗣就應該從近支晚輩裡選一個皇太子。載淳死後，自然要選一個溥字輩，但是那樣一來，慈禧就成了太皇太后，再去垂簾聽政就不成立了。因此她不給兒子同治皇帝立嗣，卻把她的外甥載湉要去做兒子。」末代皇帝溥儀的說法沒錯，載湉是慈禧妹妹醇親王奕譞的福晉所生的兒子。所以載湉是慈禧的親外甥，立做皇帝，可以說是親上加親，而自己垂簾聽政就無可非議了。如果選一個比同治皇帝小一輩的溥字輩做皇帝，那麼同治皇帝的皇后阿魯特氏就成了皇太后，應該由她來垂簾聽政了。這樣一來，慈禧跟慈安再想來垂簾聽政，就名不正言不順了。所以慈禧說，我們姐妹倆一心，不要大的就要小的，原因在這兒。

第二，年紀尚小，容易控制。載湉繼位的時候只有四歲，等到載湉親政，還需要十多年的時間，這樣兩宮太后就可以繼續把持國家大事。於是，由慈禧、慈安一言而定的清王朝皇位繼承者就變成了載湉，就是後來的光緒皇帝。

就這樣一場擁立嗣君的皇朝大事來說，慈禧以凌厲果斷的手段順利地解決是好是壞？聯繫到歷史上常常有為皇位爭奪，流血鬥爭、自相殘殺這樣的事來看，我認為慈禧一言九鼎，定了這樣一個繼承者，和和平平解決了皇位的問題，應該說這樣的做法，有利於社會安定，也有利於大清王朝的繼續存在和統治。

慈禧選載湉繼承皇位，可謂處心積慮。然而載湉的父親——奕譞得知消息後卻號啕大哭。親生兒子即將成為皇帝，奕譞為什麼會高興不起來呢？

當慈禧這樣的說法一出來以後，全場鴉雀無聲，突然之間，有一個人號啕大哭，暈倒了，這個人是誰啊？就是載湉的老爸，醇親王奕譞。慈禧看了以後，非常惱火，命令侍衛把他架出去。有人可能會問了，自己的兒子被選為皇帝，應該是頭等好事，他的老爸為什麼要伏地痛哭而至昏迷呢？我們來看看溥儀在《我的前半生》裡面怎麼說的。他說：「慈禧是一個權勢欲非常強烈的人，絕不願意丟開到手的任何權力。對她來說，所謂三綱五常、祖宗法制只能用來適應自己。為了保住自己的權威和尊嚴，什麼至親骨肉、外戚內臣，一律順我者昌，逆我者亡。同治帝死了以後，慈禧的面目進一步暴露，我的祖父如果不是看得很清楚，他絕不會

兒時光緒帝在皇家護衛的照看下騎馬

一聽到兒子當了皇帝，嚇得魂不附體而昏了過去。」

應該說這段話，其實只說對了一半。對慈禧的為人，醇親王奕譞確實比任何宗室大臣王公都清楚。因為他不僅是慈禧的妹夫，可以從夫人那裡瞭解慈禧的性格，而且他還是慈禧垂簾的時候，負責帶領召見大臣的御前大臣，與慈禧有零距離的接觸，所以他瞭解太后當政的手段，深知太后的厲害。兒子被選為皇帝，如果自己順著太后的諭旨，甘願做傀儡，就沒什麼事情，否則，太后一怒之下，必定牽連到自己，吃不了兜著走。想到這個道理，奕譞便生了急流勇退、保全身家性命為上的念頭。於是，才有御前大臣開會的時候，他伏地痛哭，甚至於昏迷倒地的表現。溥儀說他的祖父是嚇得昏過去，其實，他並不是昏過去，而是一種作秀，是一種表演。他自己很清楚，為了自保他不得不這樣做，可以說，這是一種東方式的狡猾。

說到這個地方，能不能歸結說選載湉做皇帝，是慈禧權欲很強的表現呢？對於這個問題，我的解釋是這樣的。權欲這兩個字，哪一個統治者都有。試問，自古以來，哪一個統治者沒有對權欲的渴求？哪一個統治者不用權術？所以我想用這樣一類道德評判去評價慈禧立嗣的功過是非，是很難有說服力的。歷史表明，她在立嗣問題上的作為，不僅符合當時的實際，也有利於社會穩定。

立嗣問題解決以後，清王朝進入到光緒時代，慈禧也就開始了第二次垂簾聽政。

收復新疆

在慈禧第二次垂簾聽政前後，中國爆發了嚴重的邊疆危機。清王朝就像一間破屋子一樣四處漏風。到底先堵哪個漏洞？這個問題考驗著慈禧的政治智慧。在她當政的四十七年中，對待外強的態度究竟如何？

收復新疆

在慈禧第二次垂簾聽政前後，中國爆發了嚴重的邊疆危機。清王朝就像一間破屋子一樣四處漏風。到底先堵哪個漏洞？這個問題考驗著慈禧的政治智慧。面對大臣們先守西南還是先守東南的論戰，慈禧將如何做出最後的決策？在她當政的四十七年中，慈禧對待列強的態度究竟如何？

在慈禧第二次垂簾聽政的前後，發生了嚴重的邊疆危機，列強覬覦中國邊疆。在這種情況下，清政府碰到了許多問題。譬如：東南沿海，日本侵略琉球進而侵略中國臺灣；西南，法國想通過越南，侵略雲南；西北，英俄支援阿古柏想分裂中國的邊疆。在這些邊疆危機中，慈禧基本上是採取抵抗的態度，只有對孤懸海外的保護國，或者中國的藩國，慈禧採取了扔掉的態度，而對於國內的版圖，她是不同意被列強侵佔的。所以當日本要侵佔琉球、攻打臺灣的時候，慈禧就命令臺灣進行抵抗。在英俄想分裂新疆的時候，慈禧是堅決要救新疆的。所以我們選擇收復新疆這個專題，就是要講慈禧在邊疆危機中的態度。

新疆，在古代通稱西域，是在乾隆當政的時候，納入清朝版圖的。現在的面積是一百六十多萬平方公里，占了全國疆土的六分之一。新疆一直以來都是邊境要塞，因為新疆連著蒙古，而蒙古的下面就是京城，如果新疆失守了，蒙古就受到了威脅，蒙古一旦受到威脅，京師將直接受到影響。所以新疆危機不能不引起慈禧和她的政府的格外關注。

有人會問：新疆的危機是怎麼產生的呢？原來同治四年的時候，也就是一八六五年，中亞的浩罕汗國將領阿古柏，乘當時新疆發生反清起事的時機，率兵侵佔了新疆。在阿古柏入侵新疆的時候，英國不僅給予阿古柏軍火槍械支持，而且派人為阿古柏訓練軍隊，承認阿古柏的政權為「合法的獨立王國」；沙俄也橫插一槓，在同治十年的時候，也就是一八七一年，乘機出兵佔領了伊犁地區。總之，英、俄兩國都想通過阿古柏政權，把新疆從中國割裂出去，變成他們的殖民地。

而當時清政府不僅面臨著新疆危機，而且東南沿海的海防薄弱，也給外敵提供了可乘之機。可是清政府在西北和東南這兩方面危機產生的時候，它並不具有同時打兩場局部戰爭的能力，所以必須在「海防」和「塞防」中作出優先的抉擇。也就是說魚和熊掌不能兼而得之，只能選一個。這樣，一場「海防」與「塞防」的爭論就興起來了。

這時的清政府早已是金玉其外，敗絮其中。有限的國力使得清王朝只能集中力量堵住一個漏洞。但是，無論是東南沿海還是西南邊陲，都是中國至關重要的門戶。在僵持不下之時，慈

禧的態度就顯得尤為重要了。

所謂「塞防」和「海防」之爭是什麼意思呢？就是討論當時的中國國防重點應該放在什麼地方。

在爭論中，當時的直隸總督、北洋大臣李鴻章認為應該選海防。他認為：新疆是化外之地，是王法管不到的地方，那裡是茫茫沙漠，赤地千里，土地很瘠薄，人煙稀少。在乾隆的時候，縱然花了很大的力氣平定了新疆，然而數千里曠地，增加了千百萬的開支，實在是得不償失。所以，李鴻章認為，要收復新疆是勞民傷財，不如搞好海防，防範帝國主義列強從海上侵略。

而當時的陝甘總督左宗棠，跟李鴻章的看法完全相反。講到左宗棠，我要補充一下，左宗棠在鎮壓太平天國起事中被慈禧看中，任命為浙江巡撫，後來他一步一步上升到了陝甘總督這樣一個高位，是「中興名臣」中重要的一個。曾國藩、李鴻章、左宗棠這三個都是「中興名臣」。左宗棠當時正在進軍平定陝甘回民起事，對新疆瞭解很多，所以他上疏反對李鴻章的「海防」之論。

他認為，天山南北兩麓糧產豐富，瓜果纍纍，牛羊遍野，牧馬成群，煤、鐵、金、銀、玉石的產量極為豐富，表面千里荒漠，實為聚寶盆一個。新疆自古以來物產富饒，是絲綢之路必經的寶地，在戰略上也非常重要。因為左宗棠長期在西北用兵，所以對於新疆、蒙古、京師三者的關係非常清楚，他認為保新疆所以保蒙古，保蒙古所以衛京師。由此著眼，他認為目前西方列強還不至於在東南沿海發動侵略戰爭，而塞外卻有燃眉之急。應該趁英國、俄國沒有完全介入的時候，及時收復新疆。所以左宗棠在奏摺中慷慨陳詞，把收復新疆提到保障國家安全的高度，主張堅決打擊沙俄的氣焰，他說：

若此時即擬停兵節餉，自撤藩籬，則我退一寸，而寇進一尺。

也就是說，我這個時候如果不去收復新疆，等於我們自撤樊籬，我退一步，他要進十步，我退一尺，他要進一丈。

李鴻章和左宗棠這兩個被慈禧倚重的朝廷重臣，所上的奏摺完全不同。慈禧看到這兩份不同意見的奏摺後，進行了嚴格的權衡分析。左宗棠長期在西北用兵，他對於西北的形勢瞭解得非常多，特別是當他鎮壓西北回亂的時候，有一部已經進入到了新疆，對於新疆的形勢他知之甚深。慈禧知道這個情況，所以感到左宗棠把重點放在西北塞防的意見是有道理的，而且，她相信左宗棠的意見是實事求是、符合當時的實際情況的。

在「塞防」和「海防」的這場大論戰中，先堵哪個漏洞，考驗著慈禧的政治智慧。那麼慈禧為什麼如此堅決地要收復新疆呢？僅僅是因為她信任左宗棠嗎？

為什麼她先要收復新疆呢？我們講得徹底一點，新疆是大清版圖中很大的一部分，失去這樣大的領土，慈禧要背負千古的罵名。老實說，誰希望自己當政的時候喪失國家的疆土呢？哪一個統治者願意在自己的手裡失去國家的土地呢？慈禧也不例外。所以慈禧決定先對新疆用兵，以後再來顧及海防。

光緒元年三月二十八日，也就是西元一八七五年五月三日，她以皇帝名義發佈上諭，命令左宗棠以欽差大臣身份督辦新疆軍務，所有進兵機宜，各將軍部統隨時會商左宗棠酌辦。她把收復新疆的大權完全交給了左宗棠。上諭裡面有這樣的話：

宗棠乃社稷大臣，此次西征以國事而自任，只要邊地安寧，朝廷何惜千萬金！可從戶部和各省解餉中協撥五百萬兩，並敕令允其允許自籌外債五百萬兩。足一千萬兩之數，以供軍用。

我們從這道上諭中，可以看到慈禧對於新疆用兵的關切和支援。她在東南、西南的邊境危機中曾經有過妥協，但是從收復新疆和鎮壓太平天國的這些事情中，我們可以看到，慈禧對內用兵是不惜血本的。這裡，我要解釋一下，什麼叫對外妥協。這是指對於日本侵略琉球，她採取妥協了事的做法。因為琉球是我們的藩屬國，不是本土，應該說慈禧當政的近五十年中，凡是涉及本土的，她基本上都力爭抵抗，所以新疆也是這樣。在慈禧的大力支持之下，左宗棠對新疆用兵。有學者估計，這一次左宗棠從出兵新疆，到收復伊犁、調離陝甘總督改任兩江總督，前後七年裡面，在朝廷和各省的支持之下，一共獲得了五千二百餘萬兩的協餉，平均每年是七百四十餘萬兩。應該說朝廷給予左宗棠收復新疆的軍餉是比較充分的。

左宗棠並非仕途出身，多年征戰的他，是憑藉著過人的膽識和赫赫戰功，才被慈禧一步步提拔，並逐漸信任的。那麼在這場他一生中意義最為重大的戰役中，左宗棠能否完成朝廷的重托？臨危不亂的他展現出了怎樣的作戰韜略？

左宗棠這個人的軍事經驗是非常豐富的，通過多年鎮壓太平天國的經驗以及鎮壓陝甘回亂的經驗，他的軍事思想已經逐步成熟。當時，他的軍隊已經有一部分進入了新疆，他的大本營在甘肅。他到了新疆前線，面對當時的實際情況，制訂了一個「先北後南」、「緩進速決」的戰略方針。

為什麼左宗棠確定先進兵北疆，然後收復南疆呢？這裡有兩層意思。一層是阿古柏的主力主要在南疆，而北疆相對比較薄弱。所以，左宗棠準備先打弱的，再打強的，先易後難。第二層意思，北疆連著甘肅，而左宗棠的軍隊主要在甘肅一帶，

新疆風光

他進入北疆比進入南疆要方便，因為他進入南疆必須要跨過青海。先北後南的方針，是根據實際而制定的。

那麼什麼叫「緩進速決」呢？首先我解釋緩進是什麼意思。就是左宗棠準備用一年多的時間籌措軍餉，積草囤糧，調集軍隊，操練將士，做好充分的準備再打，這就是「緩進」。可以看出來，左宗棠的這個方法很高明。因為遠途作戰氣候不適應，糧草的運輸、後勤的補給也非常困難。我們可以舉一個例子，譬如說拿破崙用兵。拿破崙為什麼兵敗莫斯科？一個是氣候不適應，莫斯科太冷了，處在海洋氣候的法國人不適應寒冷；第二個就是戰線拉得太長，後期士兵們都沒有吃的了，所以不得不把軍隊從莫斯科撤回來。這次左宗棠遠征新疆，他要多囤糧，多訓練，適應氣候，積蓄力量，準備長途跋涉的進軍過程中後勤補給得到供應。所以，這個方法是很高明的。「緩進」我們講過了，那麼為什麼要「速決」呢？實在是因為當時的清朝，真的很難支持長期的戰爭了。大家想一想，這時候清朝的國內戰爭已經有二十多年了，太平天國、捻亂、西南西北少數民族起

左宗棠像

事烽火不斷。鎮壓這些起事都要花錢，可以說當時清政府的國庫是差不多被掏空了，哪還能再經得住持久戰呢？所以，左宗棠制訂的速決方案，是非常明智的。就是要速戰速決，不打持久戰。

當然，事情往往是你想速決，不一定就能速決。所以充分的準備、周密的計畫和正確的指揮，就成了速決的關鍵。左宗棠在這個問題上相當有頭腦。他曾經從一個軍人、一匹軍馬每天所需要的糧食草料入手，推算出全軍八萬人馬，一年半時間裡所需要的用度。然後他再根據一百斤糧運輸一百里路所需的時間等，估算出運糧整個過程的消耗。甚至連用毛驢來馱運還是用駱駝馱運，還是用車輛運輸，哪種辦法更節約也做了比較。經過這樣周密的計畫以後，他估算出全部的軍費開支需要白銀八百萬兩。從左宗棠這樣一種戰略方針來說，他這次進軍新疆可以說勢在必得。

光緒二年二月，也就是西元一八七六年三月，左宗棠在一切準備就緒之後，就開始了西征。按照他的「先北後南」方針，左宗棠的戰略目標定在攻克北方的烏魯木齊。他任命自己部下大將劉錦棠作為主力，並且給他訂了一個指導思想，就是「師克在和」，也就是說要他和團隊合作，不能內訌，要團結。同時他又給他訂了一個戰略方針，叫「取其要害」，也就是說在攻克城池時從要害入手。三十六計裡面不是講擒賊擒王麼，也就是做事要先抓要害，看明白要害是什麼。那麼新疆的要害是什麼呢？就是烏魯木齊西北的一塊地方，這裡是烏魯木齊的屏障，如果你要想攻克烏魯木齊，首先要把這塊地方攻下來。

左宗棠把大權交給了劉錦棠，告訴他一切由你做主，我決不遙控。大家看到，左宗棠這樣做是很難得的，他知道戰爭中要將帥互信，要放權。果然，一八七六年八月十八日，劉錦棠以及他的部下一舉收復了烏魯木齊。打到十一月，天山北麓全部收復了。左宗棠乘勝追擊，一八七七年分兵三路，齊頭並進，當時侵入新疆的阿古柏氣急敗壞，得病而死；當然也有一種說法，說他是自殺的。

一八七八年一月二日，清軍攻克南疆的重陣和闐，除了沙俄侵佔的伊犁地區之外，新疆全部收復了。

正是因為一百多年前左宗棠成功地收復了新疆，所以在現在的中華大地上，我們仍然可以為有著美麗而又富饒的新疆而驕傲。然而就在後世高度評價左宗棠的歷史功績的時候，聯繫到晚清女主慈禧又該怎麼說呢？

左宗棠出兵新疆，一共用了不到兩年的時間就達到了目的。我們一般都說晚清的名臣是

「內戰內行，外戰外行」。可是你看左宗棠，他率軍抵抗外敵，收復新疆，是晚清政治中一個很重要的亮點，也為中國保住了一百幾十萬平方公里的國土，因此後人梁啟超說，左宗棠是「五百年來第一個偉人」！這也是左宗棠到現在仍然享有崇高威望的原因。

左宗棠既然為後世所敬仰，為歷史所肯定，那我要問，決定收復新疆，在財政、用人等方面的決策人慈禧，她的舉措不也是應該予以肯定嗎？所以，我們看待一個歷史人物，特別是一個問題人物，應該採取實事求是、知人論世的態度，千萬不要簡單化、片面化。

慈安暴卒

一八八一年，正值盛年的慈安太后突然駕崩。從此，慈禧得以獨攬大權。慈安之死宮中和民間猜測紛紛，慈禧成了最大的嫌疑人。那麼，慈安之死究竟與慈禧有何關係？曾經相安無事的兩宮太后，是否隱藏著不為人知的矛盾？

慈安暴卒

一八八一年，正值盛年的慈安太后突然駕崩。她突如其來的死亡，不禁令人頓感蹊蹺。一時之間，官場和民間猜測紛紛，而從此便可以獨攬大權、獨自垂簾的慈禧自然成了最大的嫌疑人。慈安的死，是否和慈禧有關？曾經相安無事的兩宮太后之間，是否隱藏著不為人知的矛盾？

俗話說月有陰晴圓缺，人有日夕禍福。光緒六、七年這兩年非常不太平，慈禧和慈安都相繼病倒了。

我們先說慈禧。慈禧得的是什麼病呢？當時的太醫給慈禧看了一下病，說她的病情是「夜不成寐，飲食少，面色萎黃，口乾」。醫生根據這樣一個脈象，給她下了診斷，說她是「元氣傷耗，一時不能復原」。也就是慈禧是疲勞過度。從此，慈禧就開始了安心養病，政務也基本不主持了，都交給慈安來主持。

慈安太后朝服像

光緒七年（一八八一）三月，慈安也生病了。根據《清史稿・德宗本紀》記載，說光緒七年三月初九日，慈安皇太后生病，第二天就駕崩了，從發病到死亡不足四十八個小時。當時，大臣們聽說太后去世了，還以為死的是慈禧呢！因為慈禧這個時候已經病了一年多了，還沒有治好，而慈安一直在主持朝政。人家看起來慈安的身體好好的，所以大臣們以為是慈禧病死了，後來聽說是慈安死了，都覺得非常吃驚。

我們從《翁同龢日記》的記載來看，慈安初九日得病，到了第二天午時，也就是十一點到下午一點的時候，已經是「神識不清」了。到了未時，也就是十三點到十五點的時候，已經大小便失禁，到了晚上五點到七點的時候，已經六脈將脫，脈象非常微弱，連湯藥都灌不進去了。最後，到了戌時也就是晚上的七點到九點的時候，離開人世。她死得非常突然。

慈安的死因，歷史上一直爭論不休，主要有兩種說法：第一種是自然死亡說，第二種是毒死說。毒死說是說慈安是被慈禧毒死的，持有這種說法影響最大的是清末翰林院的侍讀學

慈安太后像

士惲毓鼎所寫的《崇陵傳信錄》。《崇陵傳信錄》裡說三月十一日的時候，慈安閒來無事，就在庭院中觀賞金魚。這時候，西宮太監捧著一個食盒過來，跪在慈安面前說，外邊剛剛送給慈禧皇太后克食。「克食」是滿語，意思就是牛奶餅。太監說西太后請東佛爺嚐嚐。於是慈安就食用了，但是食用後立刻暈倒，還沒有等太醫入宮就升天了。

惲毓鼎這個說法很明顯，是慈安太后吃了慈禧派人送來的牛奶餅被毒死了。這種說法依據不足，但是造成人們對慈禧有作案動機的懷疑。因為當時東宮為尊，西宮為卑，慈禧的地位一直比慈安低，所以慈禧心裡非常妒忌。有一則野史記載得繪聲繪色，說咸豐皇帝死前曾經留下一封密詔。有一天慈安跟慈禧兩個人在聊天，慈安忽然對慈禧說，妹妹，有一件事我早想跟你說了，我給你看一樣東西，然後她從箱子裡拿出一個卷子。慈禧一看，原來是咸豐皇帝的手諭。這手諭裡說，慈禧生了皇子，所以母以子貴，但是，咸豐皇帝說他難以相信慈禧。如果慈禧能夠安分守己也就罷了，如果不能夠，慈安可以根據慈禧的狀況，用這個密詔殺了她。慈安給慈禧看了以後，笑著說，你看我們姐妹倆相處了二十年，也沒有什麼意見。所以她就當著慈禧的面，把這封密詔燒了。當時慈禧臉色煞白，心理暗暗恨咸豐帝不相信自己，只相信慈安。這則野史的記載，並不符合事實，因為當時沒有任何史料透露，咸豐有一個密詔給慈安皇太后。不過這樣的記載，倒是反映出了慈安地位高，慈禧地位低這樣一點事實。

儘管慈禧比慈安地位低，但是兩宮太后自共同垂簾執政的二十年來，慈禧對慈安始終是尊重的。她表面上如此做，內心怎麼樣？應該說，在這二十年來，在政見方面，主要是慈禧在主持，慈安沒有太多的貢獻，也沒有太多的想法。所以，從政治上來說，兩個人並沒有什麼大的矛盾。

兩種迴然不同的性格和處世方式，曾使得慈禧與慈安在執政問題上得以長期和諧地共處、二十多年來並沒有太大的分歧。那麼流傳甚廣的毒死說，是否真的無憑無據？兩宮太后之間是否還有著鮮為人知的矛盾和積怨？而這又與慈安的暴斃是否有關聯？

但是在生活上，她們確實是有矛盾的。有哪些矛盾呢？我舉三個方面的矛盾，說給大家聽。

第一，是在殺安德海的問題上她們兩個有矛盾。安德海是什麼人呢？安德海是慈禧的一個貼身太監，也是慈禧寵信的太監。也許大家都對李蓮英比較熟悉，而對安德海比較不熟悉。其實，在李蓮英得寵以前，慈禧最寵的是安德海。

有一次，慈禧讓小安子出宮去蘇州辦差，為皇帝做龍衣。於是小安子奉慈禧太后的命令，帶著一幫人馬，坐著大型的平底船，沿著運河航行。船上有絲竹樂隊，有女人為他跳舞，插的是三足鳥旗，一派皇家氣象，聲勢很大，浩浩蕩蕩。據說觀者如堵，把路都堵塞了。再加上小安子在宮內拉幫結派，結黨營私，使得某些京官和地方官員對安德海非常不滿。

山東巡撫丁寶楨得知小安子要南下，心想，機會來了。他一方面打報告上奏給皇上，一方面調動兵馬圍捕安德海。他向朝廷請旨，這份奏摺到了慈安太后和軍機大臣恭親王奕訢手裡，他們看了以後，感覺到這是違反祖法的。因為清朝的祖法規定，太監是不能私自出宮的，出宮的話就要處死。慈禧看了以後，啞巴吃黃連，因為小安子是她派出去的，但是祖法明文規定是這樣的，所以她一時講不出話來。據當時的歷史記載，討論這份奏摺的時候，慈禧不表態，壓了兩天。兩天以後，慈安皇太后和恭親王奕訢堅持要按照成例嚴辦，慈禧看看沒有辦法了，只好同意。於是聖旨下來，到了丁寶楨手裡，丁寶楨馬上就把安德海為首的二十幾個人都抓

東六宮之一的鍾粹宮，慈安太后寢宮。

住，然後把他殺了。這是第一個矛盾。

第二個矛盾，同治帝載淳幼年的時候，對慈安太后親，對自己的生母慈禧太后不親。這樣，使得慈禧心裡非常不滿意。我要說明一下，為什麼小皇帝只親慈安太后，而對自己的親生媽媽不親呢？這裡面有一個故事。就是按照清朝的祖制，皇子在宮內一生下來，自己的母親是不能餵奶的，當場由奶媽抱走，交給皇后，由皇后管教，由奶媽哺乳。所以懿貴妃生下自己的兒子以後，她只看了一眼，後來就見不著了。小皇帝被抱走以後，一切都是由皇后來安排的。當時的皇后是慈安，所以由慈安來安排小皇帝的一切生活起居。這樣，久而久之，小皇帝接觸的是慈安，當然對慈安更親了。

第三個矛盾，小皇帝載淳在選擇皇后的時候，沒有聽從自己親生媽媽的意見。當時慈安太后和慈禧太后分別看中了兩個女子。兩個人爭執不下的時候，讓小皇帝自己來選，小皇帝同意慈安太后選中的阿魯特氏，不同意自己母親選中的女子做皇后。這樣就造成了慈禧的不舒服，感覺兒子不聽自己的話，連選擇老婆都聽別人的。

所以這樣一些事情說明，儘管兩者沒有政見上的分歧，但是在生活上她們確實有矛盾。

史料表明，儘管慈禧與慈安在處理朝政的過程中和諧共處，但是在生活事務上，兩宮太后

確實存在著矛盾。在清宮野史的記載中，這也成為慈禧加害慈安的主要動機。那麼所謂的毒死說真的成立嗎？

惲毓鼎的《崇陵傳信錄》寫了這樣一段話，我認為這確實會讓別人造成一種錯覺。因為她們生活上有矛盾，於是有可能是慈禧毒死了慈安。但我認為他的這種說法是不可信的。為什麼不可信？首先，惲毓鼎所寫的《崇陵傳信錄》有很多史實方面的錯誤。我舉一個例子，《崇陵傳信錄》說同治皇帝得天花的時候，皇后阿魯特氏到內宮病榻上去看自己的丈夫，為他擦身上流膿的地方。慈禧偷偷摸摸脫了鞋子，輕輕地跟著，在皇宮外面偷聽。聽到皇帝跟皇后在議論病情的時候，她就熬不住了，一下子衝進去，一把抓住媳婦的頭髮，把她從皇宮裡拎出來，一面走一面抽打她的耳光。慈禧戴的金指甲打在皇后的臉上，臉就破了，鮮血流下來。同治皇帝看到自己母親這樣對自己的老婆，嚇得從床上滾下來。據說從此以後，同治皇帝就不治而死了。你要曉得，當時惲毓鼎連舉人都還沒考中，他連皇宮的門檻有多少高都不知道，他怎麼能知道這樣具體入微的宮闈內幕呢？

第二點，他說皇后阿魯特氏是吞金而死的。阿魯特氏在自己的丈夫同治皇帝死了以後，確實曾經吞過金，她不想活了，但是被別人救過來了。後來她怎麼死的？是不食而死的，痛苦得飯也不吃了，人就這樣一點一點萎縮下去，像油燈一樣滅掉。所以惲毓鼎的記載，說她吞金而死不正確。

第三，惲毓鼎說慈安是三月十一日死掉，這個時間比真實的慈安的死亡時間晚了一天。他連日期都記錯了，怎麼能夠使人相信他說的是正確的呢？所以，惲毓鼎的《崇陵傳信錄》裡面，寫到慈安的死亡有很多不準確的地方。但是這本書影響很大，當時晚清很多的筆記、野史，都根據他的說法演繹成了一個一個的故事。

我查了一下，有關慈禧的這種傳聞，大約都是在戊戌變法以後、南京臨時政府成立前後這一段時間出現的，這些傳聞出現的時間都比較晚。一個原因是因為清王朝被推翻，還有一個很重要的原因，就是當時革命派和立憲派都罵慈禧太后，出現了這樣一種背景，就使得慈禧的形象越來越壞。

民間的野史傳聞在慈安死的問題上，抓住慈禧和慈安兩者的矛盾大做文章，使得一百多年來，關於慈安的死因眾說紛紜，真假難辨。那麼正值盛年的慈安究竟是死於何種病因？關於她的死亡，至今還有哪些未解的謎團？

慈安到底死於什麼病呢？很多研究清史的學者都認為，慈安死於心血管疾病。慈安確實有過心血管病的記錄，歷史上記載她曾經兩次發過病。她之所以在光緒七年（一八八一）再次發病，是因為那段時間，慈禧生病了不主政，不得不交給慈安主政。慈安從來沒主過政，接到這個攤子以後，各種各樣的事情碰在一塊兒，她受不了，於是就發病了。也就是說，壓力太大，損害了她的健康，使她舊病復發。

說到這裡，還有一個問題，既然說慈安因為處理朝政壓力太大而復發了舊病，但是她以前曾經發過兩次病，兩次都醫好了，這一次又發，照理說應該太醫有經驗了，為什麼卻沒有辦法醫好慈安的病？再有，心血管病復發，照理應該是出現像腦溢血或者心肌梗死這樣的症狀，怎麼會出現牙關緊閉、小便失禁這種狀況？所以，說慈安死於類似心血管病的說法，還要拿出更多的根據來。慈安究竟怎麼死的？這是晚晴史上一個重大的謎團，到現在還沒有揭開來。

很明顯，慈安一死，兩宮垂簾聽政的歷史就此結束了。所以，從光緒七年三月中旬起，清皇朝進入到慈禧一人聽政、大權獨攬的階段。於是皇朝的安危，國運的升沉，都繫於慈禧一個人身上。這樣，世人的目光，中外的輿論，也就勢必聚焦到這個政治女強人的身上。她能勝任嗎？她將如何對待這種紛繁複雜的內外形勢？她要把清王朝帶向什麼地方？

甲申易樞

辛酉政變後，恭親王奕訢成了朝堂上一人之下萬人之上的不二親王，而隨著奕訢集團勢力越來越大，慈禧的權力受到了威脅。她將如何剷除以奕訢為首的勢力集團，又扶上了一批怎樣的政治庸人？

甲申易樞

辛酉政變後，恭親王奕訢成了朝堂上一人之下萬人之上的不二親王，而隨著奕訢集團勢力越來越大，慈禧將如何剷除奕訢？為什麼會有人把扳倒奕訢稱為慈禧一生中的第二次政變？

平心而論，奕訢這個人，我認為是晚清史上最有才幹的王爺。他一手策劃了「辛酉政變」，在他擔任議政王期間，輔佐慈禧剿滅了太平天國，把清王朝從岌岌可危的局面中拉了回來，造成了起死回生的有利形勢。他在對外關係上，利用個人魅力跟洋人周旋，解散了阿思本艦隊，解除了李泰國海關總稅務司的職務，又主持外交談判，被洋人認為是當時中國最優秀的外交家。在「同治中興」期間，他又主張借西法自強，提倡練兵制器，舉辦洋務運動，使得中國出現了像輪船招商局這樣的新式行業和電報、鐵路、礦業等新的工礦企業。對清王朝的穩定和社會進步他作出了別人難以替代的貢獻，所以連慈禧也不得不承認，如果沒有恭親王，何以能有今日。

有一個學生曾經按照某位學者對康熙皇帝打分的各項指標，也對奕訢打過分，結果居然得出奕訢的才能和貢獻只低於康熙，高於乾隆，是居於清朝第二位的重要人物。這個說法當然不一定可靠，但是，不管怎麼說，奕訢確實是晚清史上少有的政治幹才。話又說回來，這位王爺個性爭強好勝，恃才傲物，張揚自大，把自己看得太高於一切了，甚至在兩宮太后面前也忘乎所以。這就招致太后的不滿和警惕，迎來了大禍，摔了大跟頭。

一八八四年，慈禧迎來了一個契機。當時中法戰爭已經爆發，清軍統帥雲南巡撫唐炯率軍而逃，清軍群龍無首，亂作一團，北寧、太原相繼失守。慈禧非常不高興，她連續三次換將，但是戰事一點也沒有好轉。就在慈禧要找到這一連串敗仗的原因的時候，她接到了一個奏摺。這個奏摺是誰寫的呢？是當時擔任日講起居官的盛昱寫的，這個奏摺是彈劾奕訢的。慈禧接到這個奏摺可以說是正中下懷，而且當時的朝廷中，確實已經形成了強烈反對奕訢的輿論。這個輿論是什麼人造出來的呢？是清流派。

恭親王奕訢像

光緒年間，清朝內憂外患，國勢嚴峻。一部分不掌實權的言官，上疏評論時事，彈劾營私舞弊的洋務大臣，把洋務派稱為「濁流」，而以「清流」自居，所以被稱為清流派。那麼慈禧對清流是什麼態度？

慈禧重用清流派，利用清流派揭發弊政，甚至排擠異己，清流派一度成為活躍在朝野的輿論主流。而當輿論一旦成為主流，就成了統治者既想利用，又難以操縱控制的一股力量。這一點，我可以舉一個例子，就是所謂的午門護軍案。有一天，慈禧命令太監李三順到妹妹的家裡，就是醇親王的福晉、光緒帝的生母那裡，給她送一點吃的。慈禧非常關愛這個妹妹，多年來一直是姐妹情深。可是李三順到了午門，敬事房沒通知門衛給李三順放行。照例，護軍是禁止任何人出門的，何況是太監呢。但是李三順仗著是替太后辦事，氣勢洶洶，就跟護軍吵了起來，而且還大打出手。打完了，他還惡人先告狀，向慈禧太后稟告說是護軍不對，把自己打了。慈禧聽說護軍不僅打了太監，而且把她送給妹妹的克食也給砸了，非常生氣。這時候，正是慈禧生病、慈安主持朝政的時候。慈禧就向慈安說了這件事，希望她主持公道，說這些護軍如此大膽，一定要殺。慈安一聽，馬上就答應。大家知道，慈安一直沒有什麼政治主見，都是聽慈禧的，所以立刻把這件小事作為一個大事交給了刑部。

當時的刑部尚書是潘祖蔭，接到這個案子就開庭了。一審，實情就審出來了，護軍是無罪的，是太監李三順仗勢欺人，無理取鬧。潘祖蔭這個人非常清廉，辦事也比較公正，他立即把案情稟報給了慈安太后，慈安又把這個話轉給了慈禧，慈禧一聽就暗暗罵這個潘祖蔭沒良心。於是，她就帶病召見潘祖蔭，告訴他要嚴懲護軍，如果不嚴懲，就無法樹立自己的威信。潘祖蔭聽太后這樣說，沒辦法，於是只得重判了護軍。但是沒到十天，慈禧忽然把懿旨改了，變成什麼呢？變成既責打太監李三順三十大板，又罰護軍首領一百大板，然後予以流放。慈禧為什麼有這個變化？原來就是清流派對太后的所作所為看不下去，上奏為護軍辯護。慈禧知道自己如果要堅持懲辦護軍，輿論對自己不利，於是便改弦更張，作了這樣的決定。這件事說明，由她一手扶植的清流輿論成為輿論主流的時候，她自己也控制不住。

慈禧一開始支援清流，目的是想利用清流派鉗制奕訢勢力。奕訢由於自己在「同治中興」時期的作用、地位和理政的才幹，並沒有受到清流派的彈劾。但是，在這次中法戰爭中，清流派一律主戰。可是奕訢作為軍機大臣，卻主張不要輕易在邊疆打仗，他熱衷於外交談判，希望能夠利用列強的矛盾，來阻止中法戰爭的戰場情況。而且，他對於慈禧的援越抗法的主張部署不力，表現得拖拖遝遝。慈禧開始並沒有下決心，可是後來敗仗連連，大家都要總結中法戰爭失敗的原因。當時朝廷中很多人認為，軍機處領袖奕訢是推卸不了責任的。因為奕訢不想在邊疆打仗，那麼在他手下的那些前線將領怎麼會奮力作戰呢？所以好多前線將領都觀望猶豫，戰不出力，甚至於帶頭逃跑，於是就造成敗仗連連。一時間，清流的輿論對軍機大臣們紛紛予以彈劾。

中法戰爭接連打了敗仗，作為軍機處領袖的奕訢是無論如何也推卸不了責任的。這就使得慈禧感覺到剷除奕訢勢力的時機成熟了。就在慈禧尋思如何下手的時候，彈劾奕訢的奏章恰到好處地呈了上來。箭在弓上，慈禧罷黜奕訢勢在必行。

盛昱的奏章彈劾奕訢，說奕訢主持軍機拖遝因循。「因循」什麼意思呢？因循守舊，不積極

恭王府花園

上進。奕訢拖遝因循，再加上他用非所人，這樣兩個方面的原因使得前線節節失利。慈禧看到盛昱的這個奏章，心中大喜。可以說她正是找到了發作的藉口。所以當天她就召見奕訢等全班的軍機大臣，聲色俱厲地譴責他們。慈禧的這些責罵使得大臣們深知，這一次慈禧可能要拿首席軍機大臣奕訢開刀了。

果然，五天以後，也就是三月十四日，慈禧頒下懿旨：恭親王近年來為了保全職位和榮耀，常常因循成例，不願為朝廷振作求治出力。輿論指斥他把持朝政，受賄貪財，用人不當。長此以往，將來皇帝親政以後，怎麼能夠使得朝政走上正軌呢？所以命令免去奕訢、寶鋆、李鳳藻、景廉、翁同龢五個人在軍機處和總理衙門兩方面的一切職務。其中，恭親王奕訢開去一切差使，命令他「家居養疾」，一句話，把奕訢一擼到底，攆回到自己的府第，從此讓他在家裡做一個閒散的王公。

懿旨頒下後，同一天又發表上諭，任命禮親王世鐸為首席軍機大臣。大家要問，世鐸是個什麼樣的人呢？世鐸是清太祖努爾哈赤第二個兒子代善的第八代子孫，也是咸豐皇帝叔父一輩的王爺。他年高德重，但才幹不足，唯上是從。早在辛酉政變的時候，就由他和另外一批大臣寫了第一個垂簾章程，讓慈禧順利垂簾聽政，後來，又制定了歸政的條例，所以他是一個對慈禧百依百順、不敢頂撞的好好皇叔。他跟奕訢的敢說敢為、才能卓越相比，根本不可同日而語。慈禧看中他，就是因為他聽話，做事四平八穩。

第二天，慈禧又頒佈懿旨，說軍機處如果遇到緊要的事情，必須同醇親王奕譞商辦。奕譞是光緒皇帝的親生父親，也是慈禧的親妹夫。很明顯，這道懿旨，就是想把軍機處的實權交給奕譞。大家知道，奕譞這個人是很怕慈禧的，他唯求保全自己的身家性命。前面曾經說過了，他聽到慈禧把自己的兒子載湉立為咸豐皇帝的嗣子以後，假裝昏倒，嚇得魂不附體。後來，又接連上奏說自己身體不好，懇求太后批准他在家養病，從此一養就是十年，不問政務，只是奉太后之命，負責管理光緒讀書。慈禧就是看中他膽小怕事，把他從家裡面請出來，協辦軍機大政。第二方面也是因為他是皇帝生父，地位高，由他來傳自己的旨意，決定朝政，誰也不敢說三道四。

這一次徹底改組軍機處，因為

醇清王奕譞

發生在中國干支紀年的甲申年，所以，史稱「甲申易樞」。可以說甲申易樞本質上是慈禧和奕訢長期矛盾鬥爭的結果。北寧戰役的敗跡，僅僅是慈禧借題發揮而已。當代的歷史學家郭廷以教授，把這次軍機處的大換血稱之為「慈禧的第二次政變」。

在翻雲覆雨的政壇鬥爭裡，即使是一度呼風喚雨、權傾朝野的恭親王奕訢，也難逃淪為政治犧牲品的厄運。那麼我們該如何看待奕訢？「甲申易樞」給清王朝造成了怎樣難以估量的影響？

其實，從奕訢的一生來講，他實際上一直是處在被皇帝懷疑的狀態之下：咸豐皇帝對他有疑心，不用他；同治皇帝對他不滿意，也想罷免他；慈禧太后第一

慈禧太后觀音裝像

次想把他一擼到底沒成功，這一次她成功了。所以，可以這樣說，奕訢的歷史教訓，很值得我們後人特別是從政者吸取教訓，就是千萬不能把功勞當作資本。奕訢得到的結果，實際上是後人的歷史借鑒。

我們說，「甲申易樞」是晚清政壇上的一件大事。新成立的軍機班子除了閻敬銘比較好以外，大多數都是庸碌無為、才識不足、事事專仰太后鼻息的人，尤其是醇親王奕譞，他既乏才情，又沒有理政經驗，他統馭下的軍機處，除了對太后唯唯諾諾之外，毫無作為。可以說，清末的政局敗壞，跟這次徹底改組軍機處有關，也就是說和甲申易樞有關。

可以這樣說，甲申易樞是慈禧政治生涯中的一個重要轉捩點。甲申以前，慈禧儘管有不少失誤，但仍然不失為中國政治史上有作為、有魄力、有進取心的政治女強人。可是甲申以後，她逐步變成了獨斷專橫、喜怒無常、追求享樂、無所進取、人見人怕的「老佛爺」。世人對她的指責詬病，也大多集中在甲申易樞以後。

歸政與訓政

一八六六年，慈禧發佈懿旨，宣佈自己將歸政光緒皇帝，不再垂簾聽政。這讓光緒皇帝和朝廷百官惶恐不安。歸政是慈禧的本意呢，還是葫蘆裡要賣新藥？後人描繪的慈禧虐待光緒皇帝的細節是否真實？

歸政與訓政

一八六六年，光緒皇帝十六歲那年，慈禧發佈懿旨，宣佈自己將歸政皇帝，不再垂簾聽政。慈禧的旨意讓光緒皇帝和朝廷百官惶恐不安。歸政光緒皇帝，是慈禧的本意呢，還是葫蘆裡要賣新藥？後人描繪的慈禧虐待光緒的細節是否真實？

到了光緒十二年，也就是一八八六年，生活在紅牆黃瓦、深宮大院裡的光緒皇帝載湉已經十六歲了。載湉這個人，史書上說他是身材中等，膚色白皙，面容清瘦，舉止文雅，顯出一股跟年齡不相稱的老成。光緒的這一切，都讓慈禧覺得他確實是一塊做皇帝的材料。所以，慈禧經過深思熟慮，決定歸政光緒了。

這一年的六月初六日，也就是西元一八八六年七月七日，慈禧召見了光緒的親生父親醇親王奕譞和其他重臣，當眾宣佈今年冬至讓皇帝到天壇主持祭天大典，明年擇定黃道吉日行親政典禮，自己歸政皇帝，不再垂簾聽政了。

光緒帝讀書像

讓皇帝到天壇去祭天，就意味著載湉已經可以接奉祖宗遺留的大業了。

但是，慈禧話音剛剛完結，光緒皇帝當即「長跪懇辭」，表示自己還不具備親政的能力，還要太后教育，懇求太后繼續垂簾聽政。載湉為什麼要推辭親政呢？原來載湉一直對慈禧戰戰兢兢。一來，他不像同治皇帝那樣是慈禧的親生兒子，而是僥倖被慈禧看中成為養子的。自己的言行，不僅關係到自己的安危，而且關係到全家的性命，所以他自小就謹小慎微，不敢有絲毫反抗。二來，光緒從小沒有像同治帝那種恥作傀儡的感受，他只求安分守己，一切由太后做主。所以他一聽到慈禧說要讓他親政，他就會「長跪懇辭」了。

光緒不願親政，希望慈禧繼續垂簾。後人一直認為這是慈禧虐待光緒，光緒害怕所致，甚至把這說成是慈禧貪戀權位，假惺惺試探光緒和百官。那麼歷史的真相又是如何呢？

醇親王奕譞與其妻子葉赫那拉氏

有關光緒與慈禧的關係，說法很多，最著名的就是戊戌變法時期的改良派代表梁啟超在《戊戌政變記》這本書裡說，慈禧太后對待光緒極端嚴厲，光緒小的時候，慈禧每天都要訓斥他，有的時候還要鞭打他，或者讓他長跪不起，而且一跪就長達兩個鐘頭，所以他說光緒皇帝是很害怕慈禧的，見到慈禧總是唯唯諾諾。不過，這個說法，梁啟超後來承認是誇大了，是感情作用所致。什麼叫感情作用所致呢？我們知道戊戌政變的時候，光緒皇帝被慈禧逮起來關到瀛台，戊戌六君子被太后殺掉，百日新政基本都廢掉。所以，梁啟超、康有為這一批人對慈禧恨之入骨，這就是所謂感情作用。當他寫到慈禧的時候，就有意識地把一些事情誇大，以博取世人對光緒帝的同情和對慈禧的憎恨。

光緒和慈禧的關係究竟怎麼樣呢？有史料記載說：光緒帝載湉從小就體氣不充實，「臍間常常流濕不乾」，也就是說光緒皇帝小時候，肚臍眼裡經常流出液體來。慈禧把他帶進宮裡以後，不僅親自為他揩乾、洗淨，而且每天晚上抱著光緒皇帝同睡。還有史料記載說，光緒膽子很小，從小有害怕「聲震」的習慣，比如說一打雷，他就怕得不得了。每天晚上睡覺的時候，如果聽到有聲音，常常會大哭。這樣，慈禧經常抱著光緒帝哄他，一直到他平靜下來睡著為止。這些瑣碎的小事，讓我們感覺到慈禧確實也有著母性的稟賦。

我們知道，慈禧的親生兒子載淳生下來，她看了一眼就被抱走。後來按照宮內的規矩，不能夠由母親親自帶兒子，這樣，她的兒子同治皇帝載淳就不能夠由她親手撫養，所以她雖然身為母親，卻沒有辦法盡到母親愛護兒子的責任。這一次，她把小孩子載湉弄進宮來，真是想自己做個母親來好好愛護載湉的。

有關這一點，德齡公主也有過這樣一段記載，說打從載湉進宮開始，慈禧就千叮萬囑那些太監和宮女，必須教導光緒叫她「親爸爸」。德齡說，她非但要做爸爸，還要做親生的爸爸咧！我們大家以前可能都覺得「親爸爸」這個詞是貶義詞，因為電視劇裡面，光緒都叫慈禧親爸爸，看起來顯示了慈禧的威嚴。其實不是的，光緒叫慈禧「親爸爸」，最初的含義是表示慈禧把光緒當親生兒子看待，是表現慈禧對光緒的愛護的。

那麼怎麼會出現慈禧虐待光緒的傳聞呢？因為

慈禧所居住的長春宮內景

慈禧對光緒管教確實很嚴厲。每次當她聽到教光緒皇帝讀書的老師翁同龢匯報，說光緒帝有的時候讀書不夠用功，慈禧就對著跪在她面前的載湉大聲訓斥，罵得很厲害，嚇得光緒帝渾身顫抖。而且當她不如意的時候，還不讓跪在地上的皇帝起來。大家想想，一個小孩子，從小在這樣一個環境中長大，膽子當然是越來越小，見到慈禧就越來越怕了。儘管慈禧的用意是嚴厲地管教這個養子成才，可是這樣的教法使得小孩子害怕。

害怕歸害怕，但皇帝親政也是早晚的事情。慈禧這次的歸政當真是出自本意，畢竟她把光緒皇帝看作自己的兒子。另外，多年的培養，她也認為光緒帝已典學有成了。然而，朝廷重臣們習慣了太后垂簾，把慈禧這一舉動看做是試探忠心之舉。於是，一個折中的結果「訓政」出臺了。

當時要求太后繼續垂簾聽政的，不僅僅是光緒皇帝，還有他的父親醇親王奕譞和老一輩的王爺，以及朝廷重臣，他們也一起下跪，說此事萬萬不可。其中，醇親王奕譞表現得更加充分。我們知道，奕譞跟慈禧相交很多年，他非常能夠揣摩慈禧的心意。我們從晚清史上來看，儘管他的政治觀點和外交的措施都很守舊和無能，但是，甲申易樞後他取代了奕訢，主要的原因就是他對慈禧百依百順，十分聽話。可以這樣說，凡是有能力的領導人，往往喜歡部下聽話，何況這位臨朝稱制的女主慈禧呢。我們從晚清史上看，在清朝的十二個皇帝中，奕譞的子孫裡有兩個人做過皇帝，一個是光緒帝載湉，還有一個是宣統帝溥儀。溥儀是奕譞的孫子。這兩個皇帝都是由慈禧冊立，可見慈禧對於妹夫這一家是多麼中意了。

這次慈禧說要歸政，奕譞以為老佛爺是試探他和兒子載湉是否忠心，有沒有急於登極的願望。所以，他又搬出了十二年前慈禧決定冊立載湉時的老辦法，堅決推辭。奕譞提了一個兩全其美的方法，讓慈禧先歸政，然後再「訓政」。訓政是什麼東西啊？講穿了就是垂簾聽政的繼續，只不過是換了一個說法。這個說法就是把慈禧太后當做「太上皇」供起來。我們知道，當年乾隆皇帝傳位給自己的兒子嘉慶皇帝以後，自命「太上皇」。也就是說，雖然兒子繼位了，但是實權還是在我乾隆帝的手裡。奕譞搬這個先例，借這個辦法讓慈禧訓政，繼續掌管朝政。而且奕譞還在奏摺裡注明，請太后訓政數年。他沒有說具體幾年，而是要根據慈禧的意見來定。誰知道這個訓政，名義上只訓了兩年就還政了，實際上一訓就訓了十多年。

慈禧看到奕譞的奏摺，感覺到奕譞的說法很好。所以她就下懿旨，表示既然皇帝、王爺們都懇辭自己繼續親政，那麼我不能夠再推辭了，願意為了皇朝的大業，在皇帝親政以後，再訓政數年，以盡教導幫助皇帝的責任。這個懿旨一下，事情就這樣定了。

北京故宮太和殿

這一年慈禧要「歸政」光緒皇帝，在光緒皇帝的請辭與朝廷重臣的支持下，十多天后，慈禧安然地以「訓政」的方式，繼續把持著最高權力，延續著晚清政壇的慈禧時代。後人認為這是慈禧專權的鬧劇、醜劇。那麼該如何看待這段歷史呢？

慈禧確實是一個權勢欲很強的女人，進入更年期以後，尤其喜怒無常，善於玩弄權術。不過話又說回來，權欲畢竟不是評判政治家尤其是統治者功過是非的標準。再說一句，權欲屬於道德評判，並不是判斷歷史人物功過是非的標準。我們的標準是什麼呢？要看他做了哪些前代人沒有做的事，是不是有利於社會的進步。所以回到這件事上來，在中國君主統治的歷史長河中，哪有一個甘於放棄權力的統治者？權力的轉移和再分配，不是常常伴隨著血與火進行的嗎？就當時來說，以慈禧在皇朝中的地位和做派，她雖不是一個政治家，但卻是一個政治上的女強人，是個生殺予奪、大權獨攬、人見人怕的女主。

當時，朝內的異己勢力已經排除，軍機處、內閣和總理衙門的中樞大臣，都是自己的親信；主持清議的清流們已經不復存在，即使個別台諫、言官放言高論，也不可能再成為輿論主流。她以女主君臨天下，已經為朝野普遍認可，權威的地位是無可動搖的，可以說威勢達於鼎盛。如果她這個時候想食言，不願意還政皇帝，誰也奈何不得。可是她沒有這樣做，她堅持兌現自己的承諾，斷然否決大臣要她從緩歸政之請，表示自己退居二線，再行訓政數年訓練皇帝。雖然慈禧借他人之口說了自己之所欲，要了點權術，但沒有逾越祖宗法度，而且也有先例可循。所以還政以後再行訓政，既不是鬧劇，更不是醜劇。

我們可以從心理學的角度來看，這是政治強人常有的一種病態情結。他們總以為自己高明，過分擔憂接班人不能正確處理軍國大計，非要事事囑咐，手把手地教導才肯放心。乾隆帝之所以讓做皇帝的兒子把自己稱作太上皇，是如此；慈禧之所以要事事先請懿旨，然後再向光緒帝奏聞，也是如此。

光緒十三年正月十五日，也就是西元一八八七年二月七日，光緒皇帝按照欽天監指定的吉祥日子，在早晨三點到五點鐘的時候，舉行了親政大典，從此光緒帝就開始親政了。慈禧太后也在一片慶賀聲中，結束了第二次垂簾聽政的歷史，進入了訓政時期。這一年，光緒帝十六歲，慈禧太后五十二歲。

帝后矛盾

隨著光緒皇帝的羽翼逐漸豐滿，他與「親爸爸」慈禧的裂痕正在加大。那麼這兩個人之間展開了怎樣一番帝后爭鋒？在慈禧時而佔據台前，時而隱身幕後的一系列舉措中，這個鐵腕老佛爺又將如何把決策權牢牢地拉回到自己的手中？

帝后矛盾

光緒皇帝雖然只是個傀儡，然而他的帝王寶座畢竟是慈禧給他的，所以一直以來，他對待「親爸爸」慈禧都是又感激又敬重。但是，當成人後的光緒發現自己連個人婚姻問題都無法做主時，他的內心埋下了怨恨。隨著光緒皇帝的羽翼逐漸豐滿，他與老佛爺的裂痕也在加大。那麼這兩個人之間展開了怎樣一番帝后爭鋒？在慈禧時而佔據台前，時而隱身幕後的一些舉措中，這個鐵腕老佛爺又將如何把決策權牢牢地拉回到自己的手中？

慈禧訓政時期做的一件大事，就是把自己的侄女配給了光緒皇帝做皇后。光緒帝親政的第二年，也就是光緒十四年，光緒皇帝已經滿十八歲了，應該結婚選皇后了。我們知道，在選皇后的問題上，慈禧有過一段非常不如意的經歷。兒子同治皇帝不聽自己的話，選了慈安太后中意的阿魯特氏，所以她一直鬱鬱寡歡。這一次光緒帝要選皇后，她就決心不讓皇帝自作主張，一定要按照自己的旨意來辦。

慈禧再三考慮，感到只有自己的親侄女最靠得住。原來，慈禧有一個弟弟副都統桂祥，桂祥有個女兒，長得面龐瘦長、形似馬臉，牙齒突出來，背是有點駝的，二十一歲，比光緒大三歲。這樣一個侄女，在慈禧看來，儘管相貌不是太好，但她覺得讓自己的親侄女做皇后，比外人靠得住，這樣她就可以通過侄女隨時瞭解光緒帝的動向了。

選後的那一天，慈禧的侄女那拉氏站在第一個，然後是江西巡撫德馨的兩個女兒，最後是侍郎長敘的兩個女兒，一共五個人。大家這裡要注意了，侍郎長敘的兩個女兒是誰啊？就是後來大家都知道的珍妃和瑾妃。這五個人排著隊，由太監帶進去，站在太后和皇帝的對面，讓皇帝自己選。慈禧先用目光逐一地掃視了這五個女人，然後對皇帝說：「皇帝！誰來當皇后，你自己決定吧。你合意的，就把如意授給她。」說完就把玉如意遞給了皇帝。光緒帝有一點猶豫，他很怕慈禧，所以他遲遲疑疑地說：「這樣的大事應當由皇爸爸做主，兒臣不敢自主。」慈禧聽了以後，白了光緒一眼，堅持要讓皇帝自己決定。光緒帝沒辦法，只得接過如意，然後緩緩地走向江西巡撫德馨的兩個女兒。慈禧一看情況不對，光緒沒有選自己的侄女，於是大喝一聲：「皇帝！」並且用努嘴的方式暗示要選第一個，也就是選自己的侄女。光緒帝看到慈禧的這一個表態，只好非常不情願地把玉如意給了葉赫那拉氏。

光緒帝跟慈禧的侄女實際上是很不般配的。我們知道光緒帝長得很清秀，有儒雅君子的風範，而慈禧的侄女長得很瘦小，而且年齡也比光緒大。也

光緒皇帝的皇后

光緒帝大婚紅檔

許慈禧已經意識到了這個問題，所以為了討好光緒，大婚非常隆重，可以說是清朝十二個皇帝中婚禮最隆重的一個。但是光緒皇帝顯然沒有領情，結婚的第二天，他竟然藉口生病，取消了在太和殿宴請皇后族人的禮儀。

慈禧這樣一種硬性指配，深深地損傷了光緒帝的自尊心。如果說光緒皇帝以往對養母慈禧有敬畏感激的複雜感情，沒有同治皇帝那樣恥做傀儡的心，那麼從選皇后起，他就開始心生逆反，覺得連自己的婚姻大事都做不了主，還談什麼親政呢？所以皇帝與太后之間的裂縫由此生成。

一八八九年，慈禧舉行歸政典禮，正式還政於光緒帝。從此，光緒帝不再是坐在慈禧簾子前面的木偶皇帝了，在他的周圍，聚集了一批擁護他的朝廷重臣，被稱做帝黨，他的羽翼逐漸豐滿了起來，光緒帝有了與慈禧博弈的資本。兩人矛盾的第一次表露，就發生在中日甲午戰爭期間。

中日甲午戰爭是在光緒二十年七月初一日，也就是一八九四年八月一日正式開始的。這場戰爭一開始，慈禧和光緒帝都是主戰的，但是隨著戰局的惡化，慈禧和光緒帝的分歧越來越大了。

我們知道，中日戰爭是光緒帝親政以後，第一次應對嚴重的邊疆問題。當時他很年輕，為了確保祖宗的基業不受侵犯，他認為購艦造艦、練兵圖強搞了近二十年，不見得不能跟日本打一仗。而慈禧是主和的，前面說過她一開始主戰，但是隨著戰爭的惡化，她逐步傾向於主和。那個時候，她年紀已經大了，見多了征戰，她也不想再打下去了。因為當年與咸豐皇帝一起逃到熱河吃了很多苦，這些苦她認為自己吃夠了，她只想在苟安中享受浮華餘生。

甲午年是慈禧的六十大壽，皇宮裡面已經準備了很長時間，有兩年之多。根據有人統計，為慈禧做壽大概花了一千萬兩左右的銀子。從頤和園到皇宮，沿途佈置了彩棚、戲臺等等，宮中也都重新粉刷，油漆一新。

慈禧想安心過個生日，度過她的晚年，就同意了李鴻章請英、俄出面調停，實行所謂「以夷制夷」的外交政策。於是慈禧就開始分批做大臣的工作。慈禧最後一批召見的是主戰的翁同龢和李鴻藻。慈禧給翁同龢出了一個難題，這個難題是什麼呢？讓他個人出面，去跟李鴻章見面，讓李鴻章通過俄國使臣來調停求和。這樣的安排非常有用意，翁同龢和李鴻藻兩人是主戰派，而且翁同龢是光緒的老師，也是帝黨的領軍人物。可是慈禧偏偏讓他去找李鴻章談議和的事情。翁同龢是硬漢子，他雖然迫於壓力，同意給李鴻章傳言，但是他明確地向慈禧表示，我只能夠傳達太后意見，自己不加論斷。他說，我是天子的近臣，不敢以和局來成為舉世唾罵的對象。你看翁同龢敢於忤逆慈禧太后的意見，公然聲稱自己是天子的近臣，不願成為求和的罪人。這樣的表現令人肅然起敬，但是他這次抗旨，為日後太后整他伏下了潛因。

面對慈禧的一味求和，光緒皇帝卻越來越堅持主戰。這兩個人，一個是羽翼逐漸豐滿的年輕皇帝，一個是退居幕後卻依然可以呼風喚雨的太后老佛爺，針鋒相對的政見，這兩個人將如何謀篇佈局？而慈禧，這位久歷政壇的女主，又是如何步步為營，占盡了上峰的？

光緒二十年十一月，也就是西元一八九四年十二月，賦閑在家十年之久的恭親王奕訢忽然被太后重新起用，作為首席軍機大臣。這一任命使主戰的清流十分激動，紛紛看好奕訢有所作為。

暢音閣戲臺

可是這位王爺早已銳氣全無，不想再得罪太后，他為了迎合太后和局的需要，另辟門徑，準備請美國出面調停。這個時候軍機大臣孫毓汶、徐用儀等也摸透了老佛爺的旨意，極力鼓吹議和調停。

面對慈禧的議和，光緒皇帝依然堅定地主戰，他給了妥協求和的謀主、直隸總督兼北洋大臣李鴻章革職留任的處分。而瑾妃、珍妃的哥哥，禮部右侍郎志銳上奏摺彈劾孫毓汶，建議立即把孫毓汶罷黜。更有甚者，御史安維峻上奏，在奏摺裡面說：「皇太后既歸政了皇上，如果碰到事情，事事牽制，將何以上對祖宗，下對天下臣民！」安維峻的奏摺完全把矛頭指向了慈禧太后，這樣帝黨將對后黨妥協政策的不滿，升級為對慈禧干涉君權的直接指責。

這使慈禧非常憤怒，她隨即發動反擊：把瑾妃和珍妃降為貴人。說來也很可憐，因為瑾妃跟珍妃剛剛由貴人升為妃，這一次帝后黨的交鋒，她們成了犧牲品，又降回去了，成了貴人。不僅如此，她們的哥哥志銳被發配到烏里雅蘇台，那個上疏冒犯慈禧的安維峻被充軍到張家口。慈禧這一系列的舉措打擊了主戰的聲音。

但是光緒帝並未就此甘心，他在光緒二十一年一月，也就是一八九五年二月，命令湘軍大將劉坤一率領湘軍八十餘營，進佔山海關一帶。這可以說是開戰以來最大的一次調兵，也是主戰派的最後一試。但是，由於劉坤一指揮不當，軍隊的戰鬥力太弱，在進攻牛莊、營口、田莊台等地的戰鬥中，湘軍大敗，潰不成軍。這樣一來，在清朝中央內部，主戰派聲音漸漸地沉默了，而主和的聲音甚囂塵上。光緒帝儘管痛恨、悲哀，但是在內外壓力之下，不得不派出張蔭恒和邵友濂前往日本議和。可是不承想，日本政府挾戰勝之餘威，拒絕了清政府派出的這兩個大臣，要求另派全權大臣來和談。這個全權，就包含了要有權力同意割地。

在是戰是和的爭論中，清王朝一次次貽誤戰機，北洋水師全軍覆滅，國土喪失，清政府的財政至此破產，靠向西方大國舉債度日。慈禧，這位幕後的女主一次次站在前臺，運用權謀和手腕，穿針引線，使時局和輿論掌握在自己的手中。然而隨著簽約日期的臨近，慈禧卻忽然做起了縮頭烏龜。慈禧的心裡究竟打的什麼算盤？而隱身其後的她又將如何操縱時局呢？

珍妃像

光緒二十一年正月十六日，也就是西元一八九五年二月十三日，求和心切的慈禧太后撇開光緒帝，獨自召見了群臣。她認為日本所暗示的全權大臣就是指李鴻章，於是她就授意孫毓汶起草諭旨，命令李鴻章來京請訓。恭親王奕訢認為，李鴻章已經被光緒帝革職了，不適合做全權大臣。但是慈禧根本不把光緒帝的旨意放在眼裡，她明確地表示：「我可做一半主張。」這個「一半主張」意義是什麼？其實就是想做主的時候就做主，不想承擔責任的時候就推給光緒皇帝。這個我們從接下來的事情中，就可以看出來。

李鴻章接到懿旨以後，就到京請訓。請訓的時候，李鴻章明確要求皇帝授予他割地的權力。因為甲午戰敗跟日本簽約，日本必然要求中國割讓土地，而割讓祖宗的領土，歷來是一件被舉國唾罵的惡行，慈禧很清楚這點。所以光緒帝認為割地關係重大，讓恭親王奕訢請示慈禧。這個時候的慈禧乾脆就裝病不見，她想這種喪權辱國的事情，要讓自己出面，她不幹，她想讓光緒帝出面，所以她通過李蓮英傳達懿旨說：「太后的身體昨日肝氣脅痛，而且腹瀉，因此不能召見，一切都根據皇帝的諭旨辦。」慈禧把李鴻章召到京城是想讓他去跟日本簽約，但是她又不見李鴻章，於是請不到「割地」諭旨的李鴻章，遲遲不願意起程。這樣一來，那些主和的后黨就心急火燎地聯名上奏，要求光緒帝放權讓地。在這樣的壓力之下，二月初八日，光緒帝不得不面諭李鴻章授予他「讓地之權」。後來臺灣被割，光緒帝非常難過，他曾經說：「割台則天下人心皆去，朕何以為天下主。」

在以翁同龢為首的主戰派支持下，光緒帝準備廢約遷都再戰。這個時候的慈禧太后，對於《馬關條約》所規定的苛刻條件也是十分不安的，她不願祖宗的土地在自己手裡喪失，但又怕不

中日甲午戰爭中方簽字代表李鴻章和日本簽字代表伊藤博文

從日本的欲望，會使戰爭再起，更加不可收拾。於是善於玩弄權術的她，決定避重就輕，不擔再戰的風險。

四月初三日，光緒皇帝親自到頤和園請慈禧太后作出是否批准條約的最後裁決，慈禧聽了以後含糊其辭地說：「和戰之局你定，是否遷都之事我來定。」一把皮球踢給了皇帝。慈禧的親信孫毓汶等一批人四處活動，他們聲稱沒有因為保邊地而棄宗廟社稷的道理，這種意見得到了一批主和派的支援，給光緒帝施加了很大的壓力。在沒有辦法之下，四月初八日，批約的日期馬上就要到了，光緒帝無可奈何地批准了《馬關條約》。

一八九五年四月，李鴻章簽訂了喪權辱國的《馬關條約》。中國割讓臺灣島及所有附屬各島嶼、澎湖列島和遼東半島給日本，賠償日本軍費兩億兩；開放沙市、重慶、蘇州、杭州為商埠；允許日本人在通商口岸設立領館和工廠。《馬關條約》，中國喪失的權益之多，可謂空前。

大家不要以為，慈禧在中日甲午戰爭中是個徹底投降派。作為清王朝實際的統治者，她也不願意在自己手裡斷送王朝的命運，所以她在戰爭開始的時候，也有主戰的言論和表現；但是骨子裡，她卻幻想請列強調停。她之所以不願打下去，一個原因是相信了李鴻章「以夷制夷」的外交策略；另外一個原因，是希望自己六十大壽不要受到戰爭影響，仍然如期舉行；最後一個原因，是皇帝已經親政了，她雖然仍然按訓政條例掌控大權，但是在體制上，畢竟不能完全由自己說了算。所以，她既在口頭上主戰，要臣下「不准示弱」，以使自己和皇帝主戰表現一致。但是實際上請列強調停，不過只能在暗中進行。所以說她對外妥協可以，說她開始就主張投降敵國，不想抗爭，不符事實。

綜觀整個甲午戰爭，從拋出第一個調停、議和的信號，到決定議和人選，再到不表態支持廢

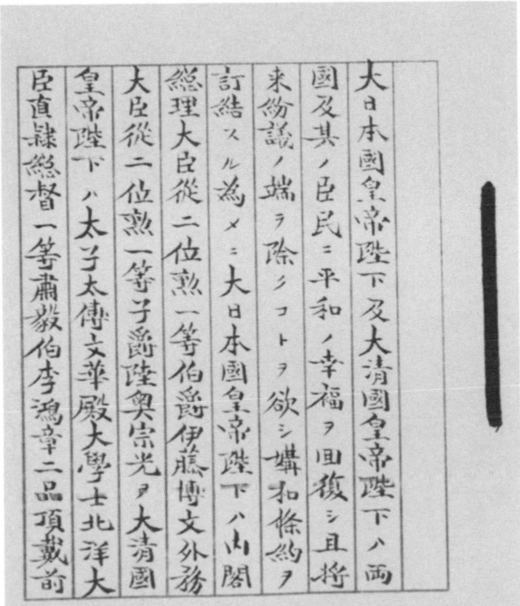
大日本國皇帝陛下及大清國皇帝陛下ハ両
國及其ノ臣民ニ平和ノ幸福ヲ回復シ且將
来紛議ノ端ヲ除クコトヲ欲シ媾和條約ヲ
訂結スル為メニ大日本國皇帝陛下ハ内閣
総理大臣從二位勲一等伯爵伊藤博文外務
大臣從二位勲一等子爵陸奥宗光ヲ大清國
皇帝陛下ハ太子太傅文華殿大學士北洋大
臣直隷総督一等肅毅伯李鴻章二品頂戴前

《馬關條約》

約再戰，慈禧太后並沒有旁觀戰局發展，實際上仍然牢牢地主導著大清朝政的實權。只不過是她嫻熟地運用著政治手段和技巧，在其中穿針引線，適時地撥弄時局，又適時隱身其後，這樣一種做法，使得後人歎謂不盡，這個鐵腕人物，竟然如此對待國運民命，無怪後人要對她抨擊了。

戊戌政變

一八九八年，一場力圖改變中國命運的維新變法運動開始了。然而這場改革僅僅進行了一百零三天就忽然終止了。慈禧太后與光緒皇帝，為何會在一夜之間走向決裂？而身為一國之君的光緒皇帝，為什麼會像囚犯一樣被幽禁在孤島瀛台？

戊戌政變

甲午戰敗與割地賠款的屈辱，使得血氣方剛的光緒皇帝立志要尋求一條治國之路。西元一八九八年，一場力圖改變中國命運的維新變法運動開始了。然而這場改革為什麼僅僅開始了一百零三天就忽然終止了呢？慈禧太后與光緒皇帝這對曾經和平共處了二十多年的君臣母子，為何會在一夜之間走向決裂？而身為一國之君的光緒皇帝，為什麼會像囚犯一樣被幽禁在孤島瀛台？

太后和皇帝之間的第二次矛盾表露，是在戊戌變法期間。光緒二十四年，也就是一八九八年，在喪權辱國的《馬關條約》簽訂三年以後，中國近現代史上出現了一場大刀闊斧的改革，這一場改革被稱為戊戌維新，因為這場變法新政僅僅持續了一百零三天，所以史稱百日維新。那麼，百日維新是怎麼發

康有為像

生的呢？我認為它緣於剛剛親政的光緒皇帝意識到若再不變法，國家就會敗壞在自己的手裡。光緒帝是不甘心的，於是他發出了近代史上非常有名的一句牢騷話：如果還不給我辦事的權力，我寧願退位，不願做亡國之君！

經過一系列的波折，光緒帝決心採納康有為的變法主張，於是在一八九八年，頒佈了近代史上非常有名的詔書，叫「明定國是詔」，開始實行維新變法。什麼叫「明定國是詔」呢？簡單地說，就是明確地決定國家變法的方針大計的詔書。這個詔書的頒佈，可以說意義重大：第一，它宣告了光緒皇帝變法圖強的決心；第二，它確定了要用西方的政治制度和管理方法來改變現有的一套老辦法、舊制度；第三，它要求內外臣工必須奮發有為，上下一心來實行變法。

明定國是詔

我們知道，在中國歷史上，清朝是最重視祖宗定下來的老規矩、老辦法的一個朝代，中國歷史上的任何朝代，這一點都比不過清朝。清朝任何一代皇帝都要循規蹈矩地遵守祖宗成法，所以光緒帝宣佈自己要破壞祖宗成例，改變祖宗的辦法，這是一個石破天驚的大事，可以說是一項前所未有的勇敢決定！

在百日維新中，光緒皇帝做出了許多革新，比如廢除八股、主張滿漢平等、促進工商業發展、廢除婦女纏足等等。應該說，這些變法措施是對中國兩千年的傳統社會進行的一次深刻而大膽的變革。在列強虎視眈眈，割地賠款不斷的危急形勢下，光緒皇帝在探索一條治國興邦的良策。那麼慈禧對待這場改革會是什麼態度呢？

其實慈禧最初是不反對變法的，她在垂簾聽政的過程中，自己也在不少方面改變了祖宗成例，比如說清朝沒有太后垂簾聽政的先例，她破例了；清朝上幾代皇帝都把西方的先進技術視為「淫技奇巧」，不願意採納，她卻支持洋務運動辦工廠、修鐵

同治帝老師翁同龢像

路、造輪船、練洋操等。所以她曾經向光緒皇帝表示：「變法乃素志。」也就是說變法一直是我的志向。可是，慈禧害怕變法的動靜太大，動搖了她的根基。所以在光緒帝「明定國是詔」下達的第四天，慈禧就一連發了四道懿旨，採取先下手為強的辦法。

第一道，她給光緒來了一個釜底抽薪，罷免了光緒帝的老師翁同龢。我前面說過，翁同龢是主張對日戰爭的，同時他又支持皇帝變法。慈禧把翁同龢罷免了，對於光緒帝的打擊非常大。史料記載，光緒帝聽說這件事以後「涕淚交下，竟日不食」，一整天不吃飯。從此，光緒就只能依靠一批年輕人了，這批年輕的力量是缺乏政治鬥爭經驗的維新黨人，他沒有別的經驗豐富的重臣可依靠了。

第二道懿旨：凡任命二品以上的大臣，必須得到皇太后的認可。通過這道懿旨，慈禧再一次向朝野上下宣佈，她對於二品以上的高級官員有任免權。光緒帝在變法中，對於任何高級官員的任命和罷免都要得到慈禧的同意，這就等於剝奪了光緒在新政中的用人權力。

第三道懿旨：任命榮祿為直隸總督和北洋大臣。榮祿是慈禧的親信，這是榮祿第二次被慈禧重用。辛酉政變以後，慈禧曾經重用過榮祿，但是後來榮祿被彈劾納賄，從此去職十多年。後來，榮祿進京給慈禧賀壽，正好趕上中日戰爭，榮祿又被慈禧提拔，做了北洋新式陸軍的督練。這次鎮壓百日維新，慈禧又一次重用了榮祿，讓他做北洋大臣、直隸總督。

分子，因此他們建議光緒帝對袁世凱破格重用。袁世凱是榮祿的手下，維新派把這麼重要的使命託付給袁世凱，可以說完全是一個政治冒險。然而，光緒帝又不掌握實權，你說他除此以外還有什麼辦法呢？他只好這樣。

七月二十六日，袁世凱到了京城，光緒帝破格提拔他為候補侍郎，就是候補的副部長級的幹部，還暗示袁世凱以後你可以跟榮祿各辦各的事情，讓袁世凱可以不受榮祿的調遣，專門為光緒辦事。大家知道，在這樣一個敏感的時刻，袁世凱到京裡來肯定會打草驚蛇。果不其然，袁世凱的行蹤引起了慈禧和榮祿的高度警覺。榮祿馬上就截斷了袁世凱軍隊的進京路線。

啟用袁世凱是光緒帝對慈禧扼殺維新的一次反擊，然而這位既沒有兵權也沒有用人權的空架子皇帝，怎麼能敵得過一手把他扶上皇帝寶座的「親爸爸」慈禧！在慈禧的眼中，這個她培養了多年的政治傀儡，不單單是在進行一場改革變法，而是要從她的手中奪權，所以在她心中，一場血腥政變已經開始醞釀了。情急之下的光緒又會怎麼做呢？

到這個時候，京城已經是草木皆兵、風聲鶴唳，光緒帝明確地感覺到威脅即刻降臨。於是他在七月二十八日，再次到頤和園給慈禧請安。這時候慈禧冷臉相對，一言不發。光緒帝知道第四道懿旨：定今年秋天攜帶皇帝到天津閱兵。只有掌握軍權的人，才有權力閱兵，慈禧頒佈這一道懿旨，就說明軍權在自己的手裡，光緒帝沒有兵權。

這後三道懿旨的內容，已經涵蓋了以後慈禧發動戊戌政變的幾個關鍵問題。從宣佈變法圖強開始，光緒帝即制訂了一攬子計畫，從六月到九月，短短的三個多月時間裡，他一共發出了將近兩百道革舊布新的諭旨，這將近兩百道諭旨涵蓋了政治、經濟、文化教育等等領域。變法改革的廣度和深度完全出乎慈禧的意料。而且，光緒在政府改革中，竟然撇開慈禧的親信任用新人，這不是在公然挑戰慈禧的權威麼！這樣，一開始對變法冷眼旁觀的慈禧再也無法容忍了。

慈禧並不反對改變制度，但是深諳權術之道的她，卻擔心變革會改變她手中的權力。所以在變法之初，慈禧就已經先下手為強，架空了光緒帝手中的權力，而接下來，光緒帝在改革中採用維新黨人，替換掉了效忠慈禧的后黨重臣——禮部八個堂官。這早已跳出了慈禧為光緒畫定的變法框框。那麼慈禧接下來會怎麼做？究竟是什麼使得這對相處了二十多年的母子走向了最終決裂？

對塔懷布等禮部堂官被罷黜之事，慈禧斥責光緒皇帝說：「九列重臣，非有大故，不可棄。」今天，你用遠的人，罷黜親近的人，用新的人來代替舊的人，你僅僅是相信了康有為一人而亂了我們的家法，祖宗會怎麼看待我們呢。

對慈禧的這樣一種指責，光緒帝不肯屈服，他第一次鼓著勇氣違抗太后的教訓，說：「如果祖宗活在今天也會改變做法的，兒子我寧願改變祖宗的例法，也不忍心棄祖宗之民，失祖宗之地，為天下後世笑。」

事情到了這樣一個程度，就可以說是「山雨欲來風滿樓」了。當天，慈禧就派了幾個親信大臣趕到天津，去和榮祿商量如何對待光緒帝的策略。可以看到，這一次慈禧確實是被光緒帝惹怒了，她準備動真格了。那個時候，反對變法的一部分守舊勢力，趁機在中間挑撥離間，於是關於「九月天津閱兵，太后即行廢立光緒」的政治謠言，在京城秘密傳開。我們前面說過，慈禧頒佈的第四條懿旨就是秋天帶著皇帝一起到天津閱兵。其實，以慈禧當時的勢力，要廢掉光緒大可不必到天津多費周折，她只是在等待一個有利的時間和藉口。而手無寸兵的光緒帝和維新派，急於要籠絡手握重兵之人，以防不測。這個時候，在天津小站練兵的袁世凱闖進了維新派的視野。

他們認為袁世凱駐紮過朝鮮，對外國的情況有所瞭解，而且又是維新派辦的強學會的積極大事不妙，回宮以後馬上召集楊銳發出密詔：讓康有為、楊銳、林旭、譚嗣同、劉光第等人設法救局。哪知道楊銳當時看了密詔以後，方寸大亂，迷迷糊糊地把密詔壓了整整五天。這個時候光緒帝急壞了，冒險發出明詔。我這裡要再說一下，密詔是秘密的，明詔是公開的，發出明詔是非常冒險的。他不管，他冒險發出明詔，讓康有為到上海去辦報，並請林旭帶出另外一個密詔，敦促康有為迅速離開京城。

八月初三，終於接到了密詔的康有為等一批人看事情不妙。他們商量以後，決定派譚嗣同當天晚上就去遊說袁世凱發動兵變，誅殺榮祿，圍攻頤和園。當時，譚嗣同跟袁世凱談的時候，袁世凱當場慨然地表示接受，但他又滑頭地說：自己的部隊在小站，彈藥都在榮祿手裡，小站離天津有二百餘里，只有到天津閱兵的時候，我才可以動手。

這樣，袁世凱知道了自己跟維新派之間這種特殊關係，面臨著生死榮辱的抉擇。在這樣一種情況下，他權衡了慈禧和光緒的勢力對比以後，決定偷生自保，投靠慈禧。所以，他假裝答

袁世凱像

應了譚嗣同，其實第二天就趕到天津向榮祿去告密。榮祿得到這個消息後立即轉告慈禧。袁世凱抵達天津的第二天一早，光緒二十四年八月，也就是是一八九八年九月下旬的一天，慈禧發動了震驚中外的戊戌政變。

在戊戌政變中，康廣仁、楊深秀、楊銳等「戊戌六君子」被捕殺，其他受到牽連的維新人士大多被流放、監禁、免職，除了康有為和梁啟超等小部分人流亡海外以外，維新派基本上被慈禧一網打盡。那麼這場維新變法的領導者——光緒皇帝又會面臨怎樣的命運？為什麼身為一國之君的光緒皇帝，會像囚犯一樣被幽禁在孤島瀛台？

西元一八九八年九月二十一日，這天清早，慈禧乘坐皇家馬車一路疾奔，從西郊趕回紫禁城。當時內心焦灼不安的光緒帝還強打著精神在中和殿批閱奏摺。忽然，一群侍衛太監闖進殿裡，聲稱奉太后的懿

慶親王奕劻

旨，要皇帝去問話。面對這個突如其來的慈禧還宮，沒有絲毫準備的光緒帝知道災難終於來了，於是他只好束手就擒。

在便殿，慈禧召集了慶親王奕劻、端王載漪和御前軍機大臣，在殿裡面設了竹杖，審問光緒帝。蘇繼祖所寫的《清廷戊戌朝變記》中，記錄下了這段審問。當時慈禧就責問光緒帝：「天下是祖宗的天下，你竟敢任意妄為，這批大臣都是我多年培養選出來的，留下來輔助你，你何敢任意不用！康有為是什麼東西，能夠勝過我選出來重用的人嗎？康有為之法能勝過祖宗所立的法嗎？你太昏聵了，太不肖了！」光緒聽了戰戰兢兢地說：「是我糊塗，洋人逼迫太急，我是為保存國脈，通用西法，並不敢聽信康有為之法。」光緒帝的申辯讓慈禧更加惱火，她說：「難道祖宗之法不如西法嗎？鬼子倒反而重於祖宗嗎？康有為叛逆，想加害我，你不知道嗎？」皇帝嚇得只有抖顫，不知如何應答。慈禧窮追不捨，又說：「你到底知不知道？你是不是同謀？」光緒低聲說：「知道。」慈禧說：「既知道還不正法，反要放走？」在慈禧聲色嚴厲的逼問之下，懦弱的光緒帝徹底崩潰了，只好違心地說了要下旨捉拿康有為。隨即，慈禧下令將光緒帝押解到瀛台涵元殿囚禁起來。

瀛台四面環水，只在北面架了一個板橋，通到岸上。進出可以從涵元殿外翔鸞閣下面的一座小木橋通行。光緒帝被禁在這個地方以後，慈禧命令太監把橋板撤了。板橋一撤，從瀛台就

瀛台

沒辦法到地面上去了。慈禧又命令二十個太監輪流看管光緒帝，以免他走出瀛台島。這樣，光緒帝每天隨同慈禧早朝以後，就被押送到瀛台島的涵元殿。涵元殿的陳設十分簡陋，只有一張桌子、一張椅子和一張硬板床。飲食也非常粗糙，太監每天送飯的時候，放下翔鸞閣的吊橋，走到瀛台來，吃完飯以後就把吊橋吊起來撤掉。一到冬天三海結冰，從瀛台不通過木橋也可以從冰上到達岸邊。據說有一次光緒帝帶了小太監踏冰離開瀛台，被發現後總管太監李蓮英立刻下令鑿冰，防止光緒帝離開。在這樣的情況下，光緒帝的心情十分憂鬱，萬般無奈之中寫下了「欲飛無羽翼，欲渡無舟楫」的詩句。

光緒帝被幽禁在瀛台，不僅僅失去了個人的自由，還飽受著精神的折磨，尤其是他最心愛的珍妃音信全無。其實政變不久，慈禧就對珍妃下了毒手，打了板子，然後又把她關在偏僻的鐘粹宮北三所，珍妃只能穿破舊的衣服，更不允許她見光緒帝。據說，光緒帝曾經在小太監的幫助下打聽到珍妃的下落，也曾搞過幾次「偷渡」，與珍妃見面，但兩人只能隔窗相望，欲哭無淚，情景非常淒涼。當然這個傳說是否可靠，我個人感覺並不重要，重要的是它反映了一對恩愛夫妻在戊戌政變之後，渴望相見互訴衷腸的哀怨之情。

到此為止，慈禧又一次以迅雷不及掩耳之勢，依靠政變和屠殺從幕後登上了台前。被徹底剝奪權力的光緒皇帝，被軟禁在瀛台，過了長達十年孤獨苦悶的傀儡生活。

第三次垂簾

一八九八年，慈禧發動政變，血腥鎮壓了百日維新，開始了她人生中的第三次垂簾聽政。沒有人相信，光緒皇帝是自願請太后出來訓政的。那麼，慈禧又是用什麼樣的辦法來堵住眾人嘴巴的？第三次垂簾與以往有著怎樣的不同？

第三次垂簾

一八九八年，慈禧發動政變，血腥鎮壓了百日維新，把一國之君光緒皇帝囚禁在中南海瀛台，自此開始了她人生中的第三次垂簾聽政。然而當時的光緒皇帝已經親政近十年了，可以說正是年富力強的時候，因此沒有人相信，光緒皇帝是自願請太后出來訓政的。那麼，慈禧又是用什麼樣的辦法來堵住眾人的嘴巴的？她的第三次垂簾與以往有著怎樣的不同？

光緒帝主持的百日維新，改革的廣度和深度在當時出乎慈禧的意料。光緒帝在政府的改革中竟然撇開她的親信，任用新人，這無疑挑戰了慈禧的權威，也為自己招來了禍端。慈禧發動政變，把光緒帝囚禁在瀛台，於是慈禧開始了第三次垂簾聽政。

光緒二十四年八月初六，西元一八九八年九月二十一日，慈禧以光緒帝的名義發佈了一道諭旨說：現在國事艱難，朕日理萬機，公事繁忙，沒有時間，皇太后已經有過兩次垂簾聽政的經驗了，辦理朝政都盡善盡美，政績顯赫，朕為了國家社稷，再三懇請皇太后重新訓政，如果太后同意所請，這是天下臣民的福氣。

八月初八，也就是九月二十三日，朝廷召集群臣，請出了威儀顯赫的慈禧，光緒帝也被暫時從瀛台拉出來，率領百官到勤政殿向太后行三跪九叩禮，懇請太后訓政。慈禧裝模作樣地答應了，並且命令這次訓政應該遵循前兩次的規矩來實行。但是這一次訓政跟前兩次「垂簾聽政」相比，朝議上是不一樣的。前兩次垂簾聽政，皇帝坐在中間，後面遮一道紗幕，慈安和慈禧在裡面左右對坐。自從慈安去世以後，慈禧獨坐當中。這次垂簾聽政，乾脆撤去簾子，慈禧與皇帝左右並坐，就像兩個皇帝一樣！更重要的是，這個時候的光緒完全被剝奪了權力，僅僅是慈禧訓政的陪襯。所以，每天早上皇帝依舊穿著全套極華貴的朝服，坐在太后的右邊，接受著群僚的朝拜。外表上看完全跟以前一樣，只是他從此以後就一言不發了。有的時候，慈禧叫光緒帝問話，光緒帝才應付性地問問：某個地方的糧食收成怎麼樣，而且聲音很低，聽不清在說什麼，以至於慈禧不得不命令他再說一遍。

慈禧與光緒皇帝左右並坐，開始了她的第三次垂簾聽政。與前兩次不同的是，此時的她早已擺脫了慈安和奕訢的牽制，大權牢牢握在她一人手中，而身旁的光緒皇帝也變成了政治陪襯，對她絲毫形成不了威脅。那麼慈禧重新上臺以後，對於光緒帝的新政採取了什麼態度呢？她是全盤廢除還是有所保留？

慈禧重新上臺以後，對於新政並沒有立即下令全部廢除。八月十一日，也就是九月二十六日，慈禧在諭旨中說：現在時事艱難，一切改革的事宜應該斟酌斟酌，希望不要帶來不利的影響。於是好多人還有幻想，慈禧雖然囚禁了光緒皇帝，但是可能不會全盤推翻光緒帝的變法。

然而，八月二十四，事情發生了很大的轉折，慈禧恢復了八股取士的科舉制度，裁撤農工商總局。九月十八日，武舉考試恢復馬步弓刀石之制。這裡要說一下，歷代清朝的武舉考試，都是考什麼。考騎馬、步戰、拉弓、射箭、舉重，光緒皇帝百日維新的時候，把這個改了。九月三十日，慈禧重申取士之法仍用舊制，各省書院照舊辦理，但是停辦學堂。就這樣，重新啟用了當初反對維新變法而被罷黜的禮部八大臣。維新期間的成果可以說是付之一炬。

這裡我們可以看到，慈禧作為一國的當政者，不能說她不聰明，完全不明大事，但是在一己之私面前，她常常是置國家安危、是非利害於不顧。再加上她任用諸如剛毅這樣的極端守舊排外和自利的大臣，新政的得失自然不可能像她所說的「斟酌考慮」，最後還是遭到被廢除的命運。公允地說，如果維新運動某些舉措確實存在過於激進和考慮欠周的缺點，那麼全盤推翻新政無疑是一個更大的錯誤。

跟前兩次的垂簾聽政相比，應該說，慈禧的第三次聽政開局非常糟糕。

慈禧第三次垂簾聽政後，用強硬的手段挫敗了新政，但是她的執政地位依然面臨著威脅。

光緒皇帝已經親政近十年了，可以說正是年富力強的時候，因此沒人相信，是光緒皇帝自願請太后出來訓政的。那麼，慈禧又是用什麼樣的辦法來堵住眾人的嘴巴的呢？

首先，慈禧放出風聲說光緒帝病重，同時又暗中與自己的親信大臣崇綺、徐桐等人謀劃廢黜光緒帝的陰謀。這樣，廢立之說在京城內外鬧得沸沸揚揚。儘管光緒帝是帝后鬥爭的失敗者，但他在維新期間堅定變法，發出了一道道圖強變革的詔令，不僅深得民心，而且開啟了民智，因此在人們心目中的形象是一個開明的皇帝。外國勢力雖然不希望中國強大，但是也不希望那些盲目排外的守舊勢力重新上臺，他們明確反對廢黜光緒帝。英國公使聽說有廢黜光緒的計畫以後，曾經拜訪李鴻章，明確地告訴他：「雖然別的國家沒有權力干涉中國的朝政，但是我們英國人認定光緒帝是皇帝，其他人我們一概

外國明信片上的光緒皇帝

榮祿像

不承認。」當時一些頭腦清醒的朝廷重臣，比如說像劉坤一也說：「君臣之分已定，中外之口宜防。」他力勸慈禧太后保持冷靜，不要輕易談廢立。

這樣一來，廢黜光緒的事情就很難實行了。

於是，榮祿趁機給慈禧獻上了為光緒建儲、冊立大阿哥的計畫。光緒二十五年，也就是西元一八九九年的一天，上完早朝之後，慈禧單獨召見了榮祿。二人之間有一段對話：

榮祿問：聽說有廢立皇帝的傳聞，是真的嗎？

慈禧說：沒有啊。你覺得這個事情可行嗎？

榮祿說：如果太后要這樣做，誰敢說不行呢？現在皇上的罪行還沒有明確，外國公使可能會干涉，所以要廢立皇上的事應該慎重。

慈禧又問：事情已經暴露了，外國公使已經知道了，怎麼辦呢？

榮祿說：我們不如在近親裡面為他選一個做兒子，立為大阿哥，再繼承大統。這樣的話，廢立皇帝，就名正言順了。

慈禧沉吟了一會兒說：你說得對。

對於立儲，慈禧可以說是經驗豐富，當年選光緒來繼承皇位，就是慈禧說服了慈安太后，兩人一手欽定，一手包辦的，然而這次立儲畢竟與以往不同，光緒皇帝還在世，為他選大阿哥，其實就是想廢掉光緒帝。慈禧能成功嗎？她選中了誰來做未來的新皇帝呢？

於是兩人決定先立大阿哥，作為同治皇帝的繼承人，逐步來取代光緒皇帝。那問題來了，立誰呢？慈禧這個時候看中了端王載漪的兒子溥儁。溥儁的曾祖父是嘉慶帝，同時，溥儁還有葉赫那拉氏的血統。因為溥儁的媽媽是承恩公桂祥的女兒，桂祥就是慈禧的親兄弟，他的女兒就是慈禧的侄女。桂祥迷戀鴉片，不問政事，可是慈禧現在看到桂祥有一個好外

溥偉，奕訢之孫

溥儁

孫，就不由得對溥儁有一種特別的偏愛。再說，溥儁也只有十五歲，比較好控制。

當然，慈禧也不是沒有其他中意的人。比如說，她對恭親王奕訢的孫子溥偉也很鍾愛。有一次她把溥偉召進宮中，問溥偉，你認為哪一位合適做大阿哥？溥偉說除了我以外，其他的王子都可。慈禧笑笑，知道這個小傢伙在耍滑頭，她就決定不要溥偉，讓溥儁來做大阿哥。那麼慈禧為什麼會對恭親王的孫子溥偉也很中意呢？因為她知道，沒有恭親王鼎立支持，她當年垂簾聽政是很難實現的，正因為有這樣一層關係，所以慈禧中意溥偉，畢竟人都有一個知恩圖報的想法。但是溥偉二十多歲了，年齡稍微大一些，而且這個人也很有主見，慈禧知道他骨子裡也很滑頭。因為溥偉知道，他的祖父奕訢跟太后是有矛盾的，自己如果被看中，搞不好會吃不了兜著走。所以在這樣一種情勢之下，慈禧感覺到，讓溥偉來做大阿哥有一點不放心。光緒帝的前車之鑒就放在眼前，萬一溥偉上來了，將來再有一個什麼變法你怎麼辦呢？所以慈禧最終還是把溥偉排除在大阿哥的考慮之外。

光緒二十五年（一八九九）臘月二十四日，慶親王奕劻宣讀詔書，封載漪之子溥儁為皇子。奕劻念完上諭以後，一旁默默不語的光緒帝馬上就摘下戴在頭上的紅絨結頂貂帽，親手給溥儁戴上。溥儁向光緒帝叩了三個頭謝恩，同時轉過身來又對慈禧太后行了同樣的大禮。這一時間，大殿上全是「恭賀老佛爺大喜」的聲音。聽著、看著這一切，慈禧心裡非常高興。她終於鬆了一口氣，大阿哥終於立起來了。

一八九九年三月十八日，愛新覺羅•溥儁受詔書入宮，封為大阿哥，但外國公使並不承認這位大阿哥，理由是他的父親愛新覺羅•載漪是義和團領袖。慈禧太后不顧反對，讓溥儁於四即位，改元保慶，廢黜光緒皇帝，並且由慈禧太后垂簾聽政。朝野上下引起軒然大波，慈禧被迫停止了廢除光緒的計畫。

溥儁這個人註定是一場悲劇，因為他只是慈禧用來掩人耳目的工具。光緒二十七年，也就是西元一九〇一年，慈禧以溥儁的父親載漪「縱容義和團，獲罪祖宗」等罪，宣佈他的兒子溥儁不適宜做「皇儲」，於是宣佈廢除「大阿哥」。這樣，僅僅當了兩年大阿哥的溥儁重新歸了宗，仍然作為載漪的兒子。到後來溥儁生活非常落魄，死得也很慘。

慈禧本意是以大阿哥逐步代替光緒皇帝，以便於更加牢牢地掌握最高權力。沒想到的是即便是這樣退而求其次的辦法，也不能平息眾怒。臣民們對這位步入暮年的太后離心力與日俱增，外國的勢力更不買慈禧的賬，要求慈禧歸政光緒帝。這裡要說的是，慈禧心中對於外國人是既恨又怕，可以說外國人一直是她心中一個不可解除的情結。後來不久義和團運動興起，不甘示弱的慈禧竟然想利用義和團與洋人對抗，大阿哥的父親載漪也為一己之利，乘機在慈禧面前煽風點火，鼓動盲目排外，擴大事端。那麼慈禧如何應對朝野的議論、列強的壓力和義和團運動呢？

慈禧西逃

慈禧在第三次垂簾聽政後，權勢達到了頂峰。然而八國聯軍的入侵，讓慈禧再一次跌到了人生的谷底，開始了為期一年多的大逃亡生涯。

慈禧西逃

慈禧在第三次垂簾聽政後，權勢達到了頂峰，然而八國聯軍的入侵，讓慈禧再一次跌到了人生的谷底。被嚇破了膽的她，開始了為期一年多的逃亡生涯。那麼在西逃的路上，慈禧有著怎樣驚心動魄的遭遇？這位曾經不可一世的老佛爺，為什麼會主動求和，一路催促《辛丑合約》的簽訂？

光緒二十六年七月二十一日，也就是西元一九〇〇年八月十五日，這一天早上，慈禧正在梳妝打扮，她對著鏡子，宮女在給她化妝和梳頭發。她忽然聽到宮裡面響起了許多「喵喵」的聲音，慈禧後來回憶說，這種聲音就像貓的叫聲。當時，她滿心疑惑，怎麼宮裡有那麼多貓。正在這個時候又響起一聲，只見一顆子彈從窗格子飛進來，飛到了她的屋子裡，慈禧嚇了一跳，還沒有來得及問，載瀾已經跪在簾子外，顫著聲奏道：「洋兵已經進了城，老佛爺還不快走！」慈禧慌亂起來，問皇帝何在？載瀾說「在殿上行

被八國聯軍炮火擊毀的北京民房

禮」。原來這一天正好趕上祭祀，光緒皇帝正在那裡給列祖列宗上香。

聽著慈禧的叫喚，光緒帝急忙跑過來，他的頭上還戴著紅纓帽子，身上沒有穿龍袍，穿的是補服。補服是指什麼？就是龍袍以外的便服。慈禧說：「洋兵已經到了，咱們趕快走。」光緒帝一聽馬上著了慌，倉促之間就要跟著慈禧跑。慈禧說：「你瞧這樣的衣服，一看就不是普通百姓，怎麼能逃得出去？」於是光緒帝手忙腳亂地把朝珠、纓帽一塊兒拋了，卸下外褂，穿上長袍，慈禧也改換了下人的裝束，母子二人一同出走。時間太倉促，他們連換洗的衣服都沒帶，一直跑到後門，才看見一乘騾車。慈禧問了騾夫，這是什麼人的車，知道這是載瀾的車子，慈禧趕快跳上車，光緒皇帝也上去，一路往西奔去了。

珍妃井

有一件事，我要說明一下，慈禧在出逃以前，先命令太監崔玉桂把珍妃從北三所帶到頤和軒。那個時候慈禧一個人在那裡，見了珍妃，說：「洋人打進城裡了，外頭亂得很，誰也保不定怎樣，萬一受到了污辱，那就丟盡了我們皇家的臉，也對不起列祖列宗，你應當明白！」她又說：「我們要避一避，帶你走，不方便。」珍妃說：「您可以避一避，讓皇上坐鎮京師，維持大局可以嗎？」慈禧一聽，沉下臉來，大聲說：「你死到臨頭了還在胡說！」珍妃回答說：「我沒有應死的罪。」太后說：「不管你有罪沒罪，都得死！」說完，就命令崔玉桂把她推到井裡去。崔玉桂和另一太監連拖帶拉，把珍妃拖到了貞順門內的一個井邊，把珍妃扔到了井裡。珍妃就這樣香銷玉殞，而光緒帝對此一無所知。

一九〇〇年，八國聯軍攻破北京城，慌亂中的慈禧開始了她人生中的一次大逃亡。那麼，這位曾經不可一世的女主，在西逃生涯中，有著怎樣的遭遇？她如何才能回到她威風八面的紫禁城呢？

狼狽出逃的慈禧一行，第一天投宿在貫市。第二天走小路，晚上住在一個破店中，連一碗粗米飯、一杯綠豆湯都找不到。七月二十三日，他們逃到了京綏要道上的一個驛站，也就是榆林堡。這個時

榆林堡古城牆

候，慈禧終於見到了迎駕的朝廷命官懷來知縣吳永。慈禧放聲大哭，對吳永說出了一路上逃亡的辛苦。慈禧說：「連日奔走，也沒有吃的，也沒有喝的，又冷又餓。半路上我口渴了，只能夠命令太監去弄點水。可是也沒有什麼可以取水的碗，再不就是井裡面有屍體，裡面的水不能喝。我只能用高粱稈和皇帝一起嚼，嚼出來點汁水，算是解了渴。昨天晚上，我和皇上睡覺連床都沒有，只有一個板凳，我和皇上背靠著背，也睡不著，睜著眼過了一夜。夜裡寒風凜冽，真令人覺得非常可怕。」

慈禧，這個不可一世的女主，在西逃的路上，真是吃盡了苦頭。她見到了懷來知縣吳永的時候，穿著一身布衣，風餐露宿，皮膚也沒有了往日的光潔，看起來就像一個農村的老婦人。慈禧對吳永說，那個時候她已經兩天沒有吃飯了。她問吳永，這裡有沒有準備好食物啊？吳永回答說：本來已經準備好了，是上好的佳餚，但是被潰兵搶去了。現在我這裡只有一鍋子小米綠豆粥了，本來有三鍋的，但是有兩鍋也被搶走了。我覺得這樣的食物太粗糙了，恐怕太后吃不慣，所以不敢呈上來。慈禧一聽說有小米粥，說有小米粥就很好了，快點拿上來。這時候慈禧真是餓壞了。在宮中她錦衣玉食慣了，可能她從來沒有想過吃兩碗粥會這麼難。於是吳永端來小米粥，但是找不到筷子，就把他隨身帶的小刀裡的一個牙筷給慈禧。慈禧命令其他人用高粱稈替代筷子，就這樣吃粥。

不一會兒，李蓮英出來，對著吳永蹺起大拇指說：「你表現得很好，老佛爺很高興，你要小心伺候，以後一定有好處的。」緊接著他又說，老佛爺想吃雞蛋。吳永不得不翻箱倒櫃，終於找到五個雞蛋，他親自燒好，用一個粗碗交給太監呈進。慈禧看到雞蛋一口氣就吃了三個，剩下的兩個賞給了光緒皇帝。這樣，慈禧吃了西行路上的第一頓飽飯。

飯後她又抽了一袋水煙，然後開始和吳永聊天了。慈禧跟吳永聊天，吳永得跪下聽。那時候下大雨，地下都是泥濘，吳永不得已，只好跪在泥濘的路上，傾聽太后的話。太后首先嘮嘮叨叨一些瑣事，然後進入正題，她說：「我們行動非常匆促，沒有攜帶衣服，感覺到有點寒冷，能否設法給我們預備一些？」吳永回答說：「微臣家也沒有多餘的衣服，我只有一個去世的老母親遺留了幾件破衣服。」慈禧說：「行，就這樣，你把你母親的衣服弄過來，只要暖暖身就行了。」吳永抄了近路飛馳回縣，找到母親的衣服呈給了慈禧，他自己的

相傳慈禧住過的房子

衣服給了光緒皇帝。可是隨行的格格們沒有衣服怎麼辦？只好用他自己的舊衣服來替代，同時他還借了一些梳妝用品，急急「呈奉」進去。這樣，慈禧才能洗洗臉妝扮一下，恢復了一些威儀。

慈禧和光緒在懷來停留的期間，大臣們也紛紛趕來，軍隊們也陸續趕來。於是就在懷來重建了一個小朝廷，糧食供給也都佈置了。按理說，慈禧應該繼續往山西進發了。但是慈禧連續停了兩天，沒有動身，為什麼？原來她在徘徊觀望，希望這個時候能夠得到一些北京的消息，如果交涉得當，就可以中途折回北京了。可是形勢發展並不如意，八國聯軍在北京燒殺搶掠，並沒有和談的跡象。七月二十五日，慈禧在無奈中只得起駕，繼續往西奔去。

慈禧在西逃途中，吃盡了苦頭，這對於一貫養尊處優的她來說，簡直是一種難以忍受的折磨。在這個兵荒馬亂、民不聊生的亂世裡，慈禧是怎樣不惜代價，為自己創造了種種奢靡的享受？而慈禧西逃時，最初的目的地本來是山西，她為什麼要臨時改為西安呢？

光緒二十六年七月二十九日，也就是西元一九〇〇年八月二十三日，慈禧發佈上諭，把本次巡幸目的地改為西安。她本來是要到山西，為什麼要改到西安？這是因為慈禧聽說洋人要報仇，因為原來的山西巡撫毓賢殺掉了許多傳教士，所以洋人想打到山西來。慈禧對於洋人已經完全沒有了當初要決一死戰的勇氣，她聽說洋人要打過來，所以立刻決定逃到西安去了。

九月四日，慈禧光緒帝一行抵達西安。一開始是住在陝甘總督的衙門，後來又搬到了巡撫的官邸。駐蹕的牆壁被完全塗成紅色，並且用柵欄圍住，一切佈置就像北京一樣，只是沒有北京那麼闊大。

到庚子年這一年，正是陝西人旱的一年，災民的人數超過了三百萬。但是慈禧依然揮霍無度，在西安的行宮中，她按照紫禁城的規格專設了御膳房，御膳房下面分設葷局、素局、菜局、飯局、茶局、粥局、點心局等近十個局，每局都有廚師十幾個人，總共有一百多人侍候。每餐必須先由太監呈上功能表百餘種，然後由慈禧挑選，兩宮每天需要花費的白銀大約兩百多兩。

那個時候是炎炎夏日，她想喝冰鎮的酸梅湯，可西安沒有存冰，怎麼辦？這可難為了地方官了。於是有人出個主意，說距離西安城大約兩百多里的太白山裡有萬年不融的冰塊，於是官府就派農民到那兒去弄來冰塊送到御膳房。

慈禧又嫌宮裡太熱，地方官就安放了幾口大缸，在大缸裡盛放冰涼的井水，讓房裡的溫度降下來。慈禧還喜歡喝牛奶，於是駐地附近還專門開闢了一個牧場，由一個五品官員來管理，每月要花費白銀大約六百多兩。據說慈禧當時的身體較強健，只是消化不良，有時不能安睡，於是有太監來按摩服侍。可以說在西安就像北京一樣，行宮裡面也開演戲劇。太后和皇上在西安期間，他們耗費的白銀據統計達到十二萬兩之多。

西逃的慈禧一直在等待回京的時機，所以早在西逃途中，她就派李鴻章與洋人談判。對於洋人提出的過分要求，為何慈禧二話不說就照單全收？她為什麼會做出令後世所不齒的事情——同意與侵華列強簽訂喪權辱國的《辛丑合約》？這個大清王朝的實際掌權者是怎樣一步步把這個最後的王朝推向了空前屈辱的深淵的？

慈禧希望趕快談妥條件，回到北京，西行之路對她來說，實在是太艱苦、太難熬了。但是談判當中，列強堅持要懲辦義和團和禍首。對於義和團，慈禧毫不手軟，八月十四日，她下旨剿辦義和團，要「務盡根誅」。可是對於懲辦大臣，她就遲遲不肯動真格。為什麼慈禧不敢嚴辦這些大臣？原來她怕列強以懲辦禍首為名，對自己不利。我們知道向列強各國宣戰，利用義和團打洋人的真正禍首，就是她自己。她怕洋人最終會找到自己頭上。一九〇一年二月二十一日，慈禧不得不發出懲辦禍首的諭令，英年、趙舒翹賜自盡；載瀾、載漪定為斬監候，發配新疆，永遠監禁；啟秀、徐桐的兒子徐承煜定為死刑。這樣總算滿足了列強對懲辦禍首的要求。以後，列強還不斷提出要懲辦地方官員的名單，慈禧也無可奈何，只好一一照辦。

其次，慈禧准李鴻章便宜行事。我們知道，早在光緒二十六年七月二十九日，慈禧逃離京師的第八天，她就發出諭旨，准李鴻章「便宜行事，將應辦事宜迅速辦理，朝廷不為遙制」，讓李鴻章跟洋人談判。李鴻章接旨以後，跟列強進行了曠日持久的談判，到了十一月初一，十一國公使組成了公使團，提出了《議和大綱》十二款。慈禧看到《大綱》中沒有把她列為禍首，大喜過望。十一月初六日，發佈上諭說：「閱讀所奏各條，深有感慨。為了宗廟社稷不受破壞，不得不委曲求全。所有的十二條大綱，立即照允！」《議和大綱》確定以後，列強又進行了長達八個月的爭吵，因為各個國家都為了自己得到最多的利益，

簽訂《辛丑條約》

在賠款的數目上、賠款方式上，提高海關關稅上，相互爭論，都想自己的國家占到最大便宜，因而談判曠日持久。慈禧看到冗長的談判談不出結果，所以人在西安的她心急火燎。她要求李鴻章與慶親王奕劻「量中華之物力，結與國之歡心」，儘快確定議和的詳細條目，她準備以徹底賣國來換取列強的寬諒和歡心。

最後，她全單照準簽訂《辛丑合約》。西元一九〇一年九月七日，慶親王奕劻和直隸總督李鴻章代表清政府與十一國公使簽訂了《辛丑各國和約》。

《辛丑條約》

《辛丑合約》的主要內容包括：第一，中國賠款白銀四億五千萬兩，加上利息一共是九億八千萬兩。第二，把東交民巷劃定為使館區，中國人一律不准居住。這等於是在中國領土內，建立了一個國中之國。第三，拆除大沽到北京沿途所有的炮臺，於是，北京變成了一座不設防的城市。第四，永遠禁止中國人民的抗外行為，凡參加「與洋人為敵的組織」，一概處死。

《辛丑合約》成了中國近代史上賠款數目最龐大、國權喪失最嚴重、精神屈辱最深沉的條約，給中國人民帶來了空前災難。這樣一個不平等條約的簽訂，標誌著中國完全淪為半殖民地半封建社會。

講到這裡我們就可以知道，慈禧為一己私利，利令智昏地利用義和團向世界各國宣戰，結果給中國人民造成了無盡的災難。可以說，這是她一生中鑄成的最大歷史罪過，永遠受到歷史的批判，後人把她稱為賣國的罪人，原因就在這裡。

《辛丑合約》簽訂以後，各國相繼從北京撤走他們的軍隊。這個時候，慈禧就決定回程北京了。臨行以前，慈禧以及王公大臣們又一次搜刮民脂民膏，總共聚斂了白銀七十多萬兩，準備了三千多輛大車，滿載綢緞珠寶得意而歸。慈禧命人告知沿途的地方官，她坐的車子所經的道路必須用黃沙鋪平。每一里沙要花多少錢？白銀二十兩左右，每六十里地立一個行宮。這樣的做法，對慈禧來說，出逃既是她的逃命之旅，又是她搜刮財富之旅。她帶著聚斂來的珠寶綢緞回到了北京。那麼北京是什麼局面，她要把大清帝國領向何方？

推行新政

《辛丑合約》簽訂以後，八國聯軍從北京撤出。慈禧和光緒帝起程回到京城，推出新政，準備學習西法，大興整頓。那麼曾經反對維新的慈禧為何在一夜之間卻改弦更張、決定實行新政了？她的一系列新政措施究竟把清朝帶向了何方？

慈禧西逃

《辛丑合約》簽訂以後，八國聯軍從北京撤出。壓在慈禧心裡的一塊石頭終於落地了，她和光緒帝即刻起程回到京城。剛坐定不久，慈禧便推出新政，準備學習西法、大興整頓。那麼曾經反對維新的慈禧為何在一夜之間卻改弦更張，決定實行新政了？她的一系列新政措施究竟把清朝帶向了何方？

自從《辛丑合約》簽訂以後，八國聯軍開始從北京撤退，於是遠在西安的慈禧老佛爺也終於放下心來。這時候，慈禧和光緒皇帝離開北京城已經一年了。雖然，當時西安的行宮生活條件已極盡奢華，但是這和慈禧生活了幾十年的紫禁城相比，畢竟差遠了。洋人撤走了，她的心病沒有

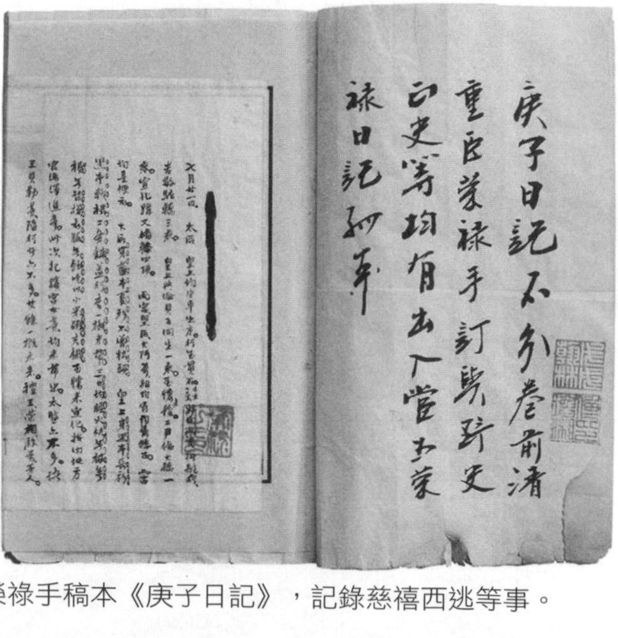

榮祿手稿本《庚子日記》，記錄慈禧西逃等事。

了，老太后也應該回鑾北京了。

光緒二十七年，也就是西元一九〇一年，光緒帝和慈禧終於起程回京。這一天，西安全城的文武百官都齊集行宮門外，等待聖駕起程。辰初三刻，前導的馬隊出城，太監隨後，接下來是各親貴王公大臣。這個時候，只聽到靜鞭三響。「靜鞭」就是帝王起程前，由最前面的御前侍衛手執長長的皮鞭，向空中甩出響聲，據傳它是驅邪化吉的一種禮儀。靜鞭以後，幾輛黃轎子從行宮裡面出來，裡面坐著的就是慈禧和光緒皇帝。他們終於可以回到久別的北京城了。

西安沿途，設置了香花和燈彩；西安百姓，都在南門外跪送聖駕回京。這個送行的場面非常熱鬧，沿途都是人，跟慈禧當初逃到西安的光景，真是大不相同了。

西曆十二月三十一日，慈禧一行抵達了直隸的正定，在這裡她改乘火車回京。對於從正定回京的情況，當時，英國的《泰晤士報》在一九〇二年三月有比較詳細的報導，說它的奢費之處是歷史所罕見的。報上說，太后第一次坐火車，感覺非常滿意，她說以後會再坐火車。慈禧乘坐的這列火車，是新任北洋大臣周馥為太后特別預備的。可以說，這列火車堪稱當時世界上最豪華的火車。十多年以後，它成了推翻清王朝的孫中山的專車；再過十六年，張作霖坐著它經過皇姑屯時，被日本軍閥炸得稀爛，這些當然都是後話。慈禧坐著這輛火車，告別了十八個月蒙塵在外的日子，終於又回到了她熟悉的紫禁城。

慈禧風塵僕僕回到京城，即刻發佈了一系列變法新政。那麼曾經嚴厲鎮壓過百日維新的慈禧，為什麼突然改弦更張要學習西法、變革圖強呢？難道她也想搞一次維新嗎？而在戊戌變法中，親眼目睹維新派人士被迫害的朝廷大臣們，會積極回應慈禧的主張嗎？慈禧的新政能得到成功推行嗎？

西元一九〇〇年八月十九日，慈禧以光緒帝的名義發佈了一個「罪己詔」，表示要在行政用人、籌餉練兵方面，切實地整頓，這個「罪己詔」說：

自今以往，君臣一心，臥薪嚐膽，勿托空言。

什麼叫「罪己詔」呢？就是歸罪於己的詔書，就是皇帝承認自己有過失，發表一個詔書，向天下百姓承認錯誤。八國聯軍侵華這麼大的災難，當然是罪不可逃。「罪己詔」發佈了兩天以後，又下上諭，要求內外臣工對於政事的得失，隨時提出意見，務必直言無隱。

正是在這個基礎上，光緒二十六年十二月初十日，也就是西元一九〇二年一月二十九日，慈禧在西安以光緒帝的名義下發了一道後來成為清末新政開始之標誌的上諭，這是一道非常重要的上諭。上諭裡面指出以往的洋務運動，只不過是學習西方的「一言一語、一技一能」，我們現在要學的是「西政之本原」，來「補中國的短處」。上諭要求軍機大臣、大學士、六部九卿、出使各國大臣、各省的督撫，根據現在的情況，在國政、吏治、財政各個要改革的方面提出建議，凡是可以使國家興旺、人才輩出、財政充實、武備強盛的，都應該各抒己見，並且限定兩個月內，詳細條陳上奏。

如果說，一八九八年光緒皇帝的《明定國是詔》是戊戌維新的開始，那麼慈禧發佈的這道上諭則是清末推行新政的宣言。慈禧為什麼要實行新政，學習西法補中國之短？難道她也想搞一次維新嗎？

她之所以這樣做，一個重要原因是屈服於列強的壓力。我們知道，十一國公使在和李鴻章談判中，堅持要懲辦禍首。這個時候，日本、德國聲言慈禧是元兇，必須懲辦，但英國、俄國、美國等認為不要再懲辦了，應該維持現狀。經過他們的反覆討論，最後十一國達成協議，不追究慈禧的責任，但是必須要改變原有的統治辦法，不再實行以往愚昧地排外，要接受西方教導，來使得清王朝融入西方的殖民體系，真正成為洋人的朝廷。

其二，她從自己的過失中，確實感覺到再維持老一套的辦法，很難再統治下去。她總覺得

劉坤一

張之洞

中國積弱的原因，是「習氣太深、文法太密」。所謂「文法」就是祖宗的成例太密了，庸吏太多，有作為的人才太少。她認為必須要變革成例，破除守舊痼習，要求大家振作起來，來討論怎麼樣能夠圖強。

可是這一道非常重要的上諭發佈以後，在規定的兩個月內，內外臣工並沒有拿出辦法，命令沒有見效。京內外的官員沒有人敢於上疏指出政治上的弊端，當然更不敢提出改革的意見。慈禧可是鎮壓過百日維新的，六君子被殺、康梁逃亡這些前車之鑒，人們記憶猶新，誰還敢輕易上疏說變法的事？所以，大臣們誰也摸不透老佛爺的心思，都不敢輕舉妄動。

一九〇一年四月二十一日，慈禧再次發佈上諭，指出變法「事體重大，條件繁多」，要大臣們集思廣益，分別哪些可行，哪些不可行，儘快選擇精當上奏。她為了讓臣下相信朝廷確實有變法決心，宣佈成立一個專門的變法組織「督辦政務處」來辦理變法事宜。派慶親王奕劻、大學士李鴻章、榮祿等為督辦大臣，地方大員中兩江總督劉坤一、湖廣總督張之洞遙為參預。可以說，當時的軍機大臣和大學士除生病的世鐸外，全部都進入了政務處。

西元一九〇一年七月二日，張之洞、劉坤一上奏，這個奏摺的名稱叫「變通政治人才為先遵旨籌議折」，提出了四個方面的參考意見，就是設立文武學堂、改變文科的考試、停罷武試、獎勵遊學這樣四個方面。二十三日，兩個人再次聯奏，奏摺的名字叫做「遵旨籌議變法謹擬整頓中法十二條」，內容從賦稅、軍隊建設、刑罰、生活風尚等多方面提出了改革的設想。第二天，他們兩個人第三次聯合上奏「遵旨籌議變法謹擬採用西法十一條」，提出應該兼採並用的西法分別為廣派遊歷、練外國操、修農政、勸工藝、定礦律路律商律以及交涉刑律、用銀元、行印花稅、推行郵政、官收洋藥、多譯東西各國書籍等。張之洞和劉坤一聯合會奏的這三折，歷史上稱之為「江楚會奏三折」。以後朝廷推行的新政，大多在「會奏三折」的範圍內。

慈禧的新政實施以後，是否取得了一定的成效？或者說，慈禧頒佈的新政只是出於政治需要而掩人耳目的假變法？這一系列的政策把清王朝帶向了何方？

慈禧的清末新政持續了五、六年，它不同於戊戌變法的曇花一現，是取得了一定成果的。有人說它是「假變法」，我認為這是不太公平的。為什麼？我現在具體的舉以下幾個例子來說明：

第一，改革官制，整頓吏治及改革刑律。其中，改總理衙門為外務部，班列六部之首；新設商部、學部、巡警部、練兵處等，這些都是可圈可點的措施。其中值得注意的是下令停止賣官鬻爵的「捐納」。「捐納」說白了就是花錢買官。大家都知道清朝的一個大貪官和珅，他也是公開地賣官鬻爵的。他貪污的銀兩可以說是富可敵國，當時民間流傳一句話叫做「和珅跌倒，嘉慶吃飽」，把和珅抄家了，抄出來的錢財，使得嘉慶皇帝的小金庫非常富裕。因此停止「捐納」應該說是一個進步的措施。當然，在具體實施的時候，能不能真正地廢除，那就要看朝廷的決心和執行者的廉潔與否了。

第二，練兵籌餉。可以說，這是清末新政一項重要內容。我們知道，早在甲午戰爭前後，朝廷已經開始練習新式陸軍，袁世凱在天津小站編練新軍，張之洞在江南編練了自強軍。那麼這次推行新政，朝廷是要各省派人到直隸與湖廣去「取經」，向張之洞、袁世凱學。後來，在光緒二十九年（一九〇三），在中央設立練兵處，派慶親王奕劻為總辦，袁世凱為會辦，朝廷決定編練三十六鎮新式陸軍。鎮就相當於現在的一個師。袁世凱通過編練北洋新軍，成了當時最具實力的地方大吏。清朝原來想建立一支保衛皇朝的新式軍隊，可是後來不少省份的新軍成了反對清政府的革命力量。辛亥武昌起義，就是新軍中的革命黨發動的。後來各省回應武昌起義的主要力量，也是新軍。袁世凱依靠北洋軍，最後逼迫宣統皇帝退位。清政府編練新軍，真可謂是「搬起石頭砸了自己的腳」。

第三，興辦商務，振興實業。這項新政，改變了傳統的重農抑商的政策，使得資本主義的生產方式在傳統體制內部發酵，我認為對促進生產力發展是有意義的。

第四，廢科舉，興學堂。光緒三十一年八月，也就是一九〇五年九月，朝廷正式宣佈廢除科舉制度。這樣，沿襲了一千多年的科舉取士制度徹底廢除了。同時，又頒佈興辦學校，從大學、中學、小學到蒙養學堂次第開辦，可以說，近代新式教育事業由此真正成了辦學的主流。同時，

1905 年，同盟會在日本成立。

清政府還提倡獎勵出洋留學，凡是學成歸國者，經過考試，分別授予翰林、進士、舉人出身，按等錄用。所以在政府鼓勵下，各省官費、自費留學生大大增加。

一九〇五到一九〇六年間，僅僅留日的學生就多達八千多人。我們知道，留學生在中國民主革命的運動史上，曾經起過非常重要的作用。辛亥革命以前，廣大的留學生就成了清政府的掘墓人。因此我們可以從這個意義上說，沒有清末新政，也就不會有一九一一年的辛亥革命。

從上面可以知道，儘管新政推行是出於慈禧想使清王朝長治久安的目的，但是新政措施確實是內容新、力度大，這個清代史上的政治女強人，從歸政光緒以後，曾經做了不少誤國誤民、妥協賣國的勾當。但是，她能夠在二十世紀初年，重新拾起被她扼殺掉的維新變法旗幟，有這樣一番佈局，不論她的主觀動機如何，客觀上這符合潮流趨勢，有利於社會進步。

新政的這些內容，從本質上來說，在一定程度上把新的資本主義因素移植到專制政體中去，這就使得新東西得以在舊事物中逐漸發酵、膨脹。當條件成熟以後，它就成為破壞舊體制的力量。我前面說過了，新軍的革命化、近代知識份子的產生和民主革命思潮的高漲、資本主義生產力和生產方式的發展，都成了埋葬專制制度的力量。事物走向了它的反面。在這個意義上，專制制度搞改革變法，實際上是為自己的滅亡創造條件，這就是歷史的辯證法。

立憲之爭

一改往日保守形象的慈禧，不但生活方式開始接受西化，而且連政治體制也開始逐漸效仿西方。她宣佈要在中國這個兩千多年專制國家中，實行君主立憲了。立憲必定會削弱皇權。慈禧是否真的要讓出手中的權力，進行這場改革呢？

立憲之爭

慈禧在推行新政後，又下了一劑猛藥——她舉辦了一個封建王朝所能實行的最高規格的改革——實行君主立憲。如果真的是按照西方所謂的立憲，那麼君主就沒有了實權，而且弄不好，連大清的江山也會被取代。在這場如履薄冰的改革中，她做了怎樣的種種努力，來維持手中的極權？

清末的「預備立憲」，實際上是新政的繼續，但是它又自成一個歷史段落。為什麼慈禧在搞了新政以後，要搞「預備立憲」呢？這跟她心態的變化有關係。為了說明慈禧心態的變化，這裡講幾個小故事。

一九〇三年，慈禧快要七十歲了。這一年，在清朝的宮廷裡，有一個美國女畫家叫卡爾為慈禧畫像。她是怎麼描述她見到的慈禧的呢？她說：「太后全體各部極為相稱，容貌漂亮，手像柔荑一樣。」「柔荑」是《詩經》裡的句子，是用來形容古代的一位美女莊姜的。柔荑是茅草的嫩芽，用以形容女人的手非常漂亮。她接下來還說，慈禧「體態苗條，頭髮烏黑，相得益彰。嫣然一笑，姿態橫生，令人自然欣悅」。這位女畫家說，我如果不知道太后已經是六十九歲的人了，讓我去猜測的話，我還以為她是一個四十多歲的美婦人呢。應該說，卡爾的印象有不少溢美之詞，但總的來說，慈禧確實比一般年近七十歲的老太太顯得年輕。這當然是她長期利用特權保養容顏所取得的效果，不過，這跟她從西狩回來，心態的逐漸開放也不無關係。

慈禧出於女性對於時尚的追求心理，對新鮮事物似乎有一種天生的好奇心。皇室裡面有一位元公主記錄了慈禧第一次照相時候的情景：太后看到照相機說：「好奇怪，用這個東西，就可以照人的像嗎？」她還讓一個太監站在前面，她從取景框裡看，說：「怎麼你的頭在下面，腳在上面呢？」大家記得我們小時候做實驗，一面放大鏡，一邊放蠟燭，白紙上呈現的是蠟燭的倒影，照相機的原理也是這個，取景框裡呈現的是倒像。慈禧看了以後感到很奇怪，以後她很喜歡拍照片，照片照得很多。

慈禧持團面扇照

慈禧接觸到的洋玩意日益增多。外國公使駐京以後，公使夫人也經常出入中國官場，到皇宮裡去。慈禧作為一個女人的趨時心態也在逐步增強。她在接見公使和公使夫人的過程中，原本仇視外洋的心態，逐步變成崇洋。

一改往日保守形象的慈禧，不但生活方式開始接受西化，而且連政治體制也開始逐漸效仿西方。她宣佈要在中國這個實行了兩千多年專制的國家實行君主立憲了。然而，立憲可能會削弱王權。慈禧為什麼要進行這場改革呢？

一九〇四年，在中國大地上進行了一場日俄戰爭，這是日本為了爭奪俄國在中國東北的特權而發動的一場戰爭。當時清政府表示中立。最後，日本戰勝了俄國。大家普遍認為，日俄之戰實質上是立憲與專制之戰，日本的勝利就是立憲對專制的勝利。當時，以孫中山先生為首的革命派力量也在日益壯大，革命力量的發展直接威脅到以慈禧為首的清王朝的存亡。

西元一九〇五年七月二日，當時的直隸總督袁世凱、湖廣總督張之洞、署理兩江總督周馥聯銜上奏，希望朝廷定十二年以後實行憲政，並且派遣親貴大臣分赴各國去考察政治。為什麼要十二年，不是明年後年就開始呢？因為他們也知道，中國沒有立憲的傳統。當時面對朝野立憲的呼聲以及革命力量的暴漲，慈禧感覺到事情很大，於是連續召開御前會議，來討論立憲的問題。可是當時大臣們都不瞭解君主立憲國家到底是怎麼回事，所以這次御前會議討論自然是不甚了了。但是討論有一個結果，派大臣到歐美各國考察憲政，親自看一看各國的憲政情況，比較一下好壞，然後再決定效仿哪一個國家。在御前會議上，慈禧曾經說過這樣的話：「立憲一事，可以讓我朝基永久確固，外面的革命黨人從此也就無話可說了。我等待你們考察結果出來以後，如果沒有什麼大礙，我們一定要實行立憲制度。」這就說明她也想立憲了。

九月二十四日，考察憲政的大臣在北京正陽門車站出發的時候，突然遭到了革命黨人吳樾炸彈襲擊。吳樾是當時的革命派，他認為五大臣出洋考察是一場騙局，於是身懷炸彈，混進人群，到正陽門車站的時候，他上了火車。火車開動，他站在兩節車廂的中間，一晃動，他身上的炸彈突然掉在地上，吳樾本人炸死了，同時也把五大臣中間的幾個人炸傷。慈禧後來又改派尚其亨、李盛鐸會同載澤、戴鴻慈、端方出國考察。這就說明慈禧派人出國考察，儘管有波折，但是她依然堅持。這五個人分為兩路，在半年時間裡，出訪的國家包括了日本、英國、法國、比利時、義大利、奧

周馥

地利、美國、德國等亞洲、美洲、歐洲的十四個國家。

此時的慈禧，已經手握實權，指點江山將近四十年了。這期間，她發動的幾次政變，說來說去，都是為了爭權。所以這次立憲，如果讓慈禧交出權力，她是斷然不會接受的。那麼在這場改革中，慈禧是怎樣小心謹慎地維護特權的呢？

西元一九〇六年七月，考察大臣回國以後，慈禧對他們表現出空前的熱情，時常召見他們，詢問相關憲政事宜。而大臣們的回答都說立憲才能夠使國家長治久安，不立憲的害處很多。慈禧心有所動。真正促使慈禧下定決心行憲的是七月四日，也就是一九〇六年八月二十三日載澤上奏的一道密折。載澤是慈禧哥哥的女婿，很受慈禧的寵信。載澤在這道奏摺中說，立憲有三個好處：

第一，皇位永固。這一點說到慈禧心坎上面去了。慈禧最擔心君主立憲有損皇權，因此載澤說，立憲的國家君主神聖不可侵犯，如果行政上有什麼失誤，君主不用負責任，應該由大臣來承擔過錯。如果君主偶然有過失，應該是政府大臣辭職，重新成立一個政府機構就可以了，君主的位置是不會變的。

第二，外患漸輕。奏摺說，現在外國人欺負我們，雖然是因為我們現在國力衰弱，但是還有一點，就是我們的政體是君主專制，外國人認為我們不開化、野蠻，所以不平等對待我們。如果我們把政體改了，跟他們一樣，他們就可能和我們平等相交了。這一點也說到了慈禧的心坎上。從義和團前後，甚至說得再遠一點，從準備廢除光緒帝的時候開始，慈禧對外國人一直是有看法的，怕他們讓她把政權還給光緒帝。奏摺中說立憲可以皇位永固，外患漸輕，她感覺到這樣很好。

第三，可消除內亂。奏摺說，現在的革命黨力量在逐漸變大，他們說我們現在專制政體魚肉百姓，相信他們的人越來越多。如果我們現在進行了改革，變成了君主立憲政體，就可以堵住他們的嘴巴，這樣內亂可以消除。這一點又說到慈禧的心裡。因為我們知道，孫中山從一八九五年開始，就用武裝革命的方法來反對清王朝，他的影響越來越大。如果內亂可以消滅，她當然高興。

我們現在看起來，載澤的奏摺，很多地方是有問題的，或者說是經不起推敲的。比如說君主立憲的國家，君主和政府的關係，

載澤

載澤說的是對的。但是如果政策出現很大的失誤，政府要下臺，要換新的政府，君主可以不變，這個前提是什麼？就是君主沒實權，因為政策不是君主制定的，所以他才不需要負責任。而君主沒有實權這一點，他沒有跟慈禧說，如果說了這樣一個實情的話，慈禧是不會接受立憲的。

慈禧對立憲並沒有太深的成見，她最關心的有四件事：第一是君權不可侵損；第二是清朝裝束不能改變；第三是辮髮不准剃；第四是典禮不可廢。在光緒三十二年七月十三日，也就是西元一九〇六年九月一日，慈禧發佈懿旨，宣佈預備立憲。她承認專制政體已經不適應時代的發展了，但馬上立憲「規制未備，民智未開」，顯得太倉促，所以現在我們先搞「預備立憲」。她所講的預備立憲原則是什麼呢？

大權統於朝廷，庶政公諸輿論。

就是大權由朝廷掌控，但具體的行政操作，可以公開聽取臣民的意見。預備立憲的詔書發佈以後，國內的立憲派開心得不得了，奔相走告，破涕為笑。全國許多地方在詔旨頒佈以後，召開了慶祝會，張燈結綵，敲鑼打鼓，熱烈慶賀。人們以十月十日慈禧壽誕這一天，作為立憲的紀念日。

立憲對於一直實行君主集權的清政府來說，無疑是一場政體變革，但怎樣變、何時變，就連慈禧自己也不知道如何兌現承諾，而以孫中山為首的革命派則旗幟鮮明地質疑清政府立憲的真實用意和可靠度。那麼，預備立憲能否突破重重阻力順利進行呢？

預備立憲詔書頒佈後，君主立憲派表示從此不再跟慈禧對立了。這句話不知道大家能理解嗎？因為戊戌政變以後，光緒帝被關進瀛台，康有為、梁啟超等人一再指責是太后的罪過，跟太后作對，擁護光緒皇帝。但是現在聽說太后也要「預備立憲」了，於是他們表示從此不再和慈禧作對了，他們準備回國和朝廷合作，一起推行憲政。

但是，以孫中山為代表的革命派，認為清政府的預備立憲只是一紙空文，口頭上說說而已，實質上對於希望學習西方國家富強的廣大百姓來說，是一種政治上的欺騙，根本不能相信。他們也不同意君主立憲派梁啟超等鼓吹的所謂中國實行君主立憲就有希望，而認為只有實行民主共和，推倒腐敗的清王朝，才能使中國屹立於世界之林。

革命派和立憲派在政見上發生了對立，於是兩派自一九〇六年起進行了大論戰。這場論戰

孫中山

圍繞著要不要推翻清王朝，要不要實行民主共和政體，要不要實行以平均地權為核心的民生主義三大問題展開。經過將近一年的論戰，孫中山三民主義的思想得到了廣泛傳播，革命思潮在新軍和近代知識份子中迅速成長。在論戰的同時，革命派從一九〇七年起，多次發動反清武裝起義，用武裝革命方式準備推翻清政府，建立民主共和國。儘管這些起義都先後被鎮壓失敗，但影響深遠，意義重大。

在這樣一種歷史條件之下，清王朝要搞「預備立憲」，成立國會制度這樣的承諾一連拖了好幾年。立憲派看見立憲遙遙無期，於是開始由歡迎到失望，紛紛向朝廷要求速開國會，真正實行憲政。光緒三十四年七月十五號，也就是西元一九〇八年八月十一日，預備立憲公會聯合各省代表，聯名上書憲政編查館，請速開國會。

面對立憲派來勢洶洶的請願活動，慈禧用「大棒加胡蘿蔔」的政策來處理，她一方面殺雞給猴子看，說梁啟超的政聞社託名研究時務，實際是圖謀不軌，下令查禁，並且要捉拿康有為和梁啟超黨徒；另一方面，慈禧又答應了立憲派開國會的要求，於一九〇八年八月二十七日頒佈了《憲法大綱》，宣佈預備立憲以九年為期，九年以後正式召開國會，推行憲政。

《憲法大綱》規定，「君上大權」一共有十四條，條例詳盡、全面、顯赫，無一例外地從各個方面肯定了清朝皇帝在大清帝國的統治地位和神聖不可侵犯性。君上大權規定，皇帝在法律、議院、用人權、軍權、司法權等方面享有至高無上的決定權。

《憲法大綱》規定的「君上大權」的種種條款，跟英、德等西方國家的君主立憲政體可以說是相差甚遠，皇帝大權一點都沒有削弱，反而以憲法的名義加強並且固定了下來，國會作為立法機構，只是看皇帝的旨意辦事。這樣的君主立憲，說它是一個騙局不是沒有道理的，再加上預備立憲的期限長達九年，這說

載澤訪問劍橋大學。圖中右為載澤，中為劍橋大學副校長巴特勒。

明朝廷實行憲政是一種拖延戰略，意在堵住人民的嘴巴。

不過話又說回來，這個政治女強人在推行新政、力圖改革以後，敢於在政治體制上進行改革，儘管主觀動機上別有所圖，客觀上卻是提高了人民的政治意識，特別是近代知識份子和士紳參政議政的權利，削弱了中央集權，有利於地方自治，對於從根本上動搖君主專制制度，起到了動員和鼓舞的作用。

我們評價清末新政，既要指出它的主觀動機確實具有欺騙性的一面，又要看到在潮流的推動下，具有客觀意義和重要影響的一面。就這兩方面說，我個人更看重它的客觀作用。因為，歷史就是這樣走過來的。清末新政跟預備立憲成了中國走向共和大潮中的一朵浪花。它不是主流，主流是民主革命。但是在這朵浪花中，反映了民主潮流的不可阻擋，不管你主觀上是否願意，到頭來，終究是要被潮流推著走的。就慈禧的作為來說，清末新政與預備立憲是她一生的亮點。

然而，無論慈禧承諾的開國會年限，還是頒佈的《憲法大綱》，都不能使立憲派滿意，那麼，更大的國會請願運動正在醞釀之中。而革命黨的起義革命也此起彼伏，規模雖然不大，但是影響非常深遠。清王朝在四面楚歌之中，日子非常不好過。在這麼一個多事之秋，光緒帝跟慈禧竟然先後去世了。

光緒帝駕崩

戊戌政變後，光緒帝被囚禁在瀛台，熬過了他人生中最悲慘的十年。光緒帝之死成為一樁歷史疑案，它留給後人無限的猜測。那麼光緒帝究竟是被害的，還是自然死亡的呢？如果是被害，隱藏在幕後的嫌疑人會是誰呢？

光緒帝駕崩

戊戌政變後，光緒帝被囚禁在瀛台，熬過了他人生中最悲慘的十年。光緒帝之死成為一樁歷史疑案，它留給後人無限的猜測。光緒帝究竟是被害的還是自然死亡呢？如果是被害，隱藏在幕後的嫌疑人會是誰呢？

根據史料記載，光緒帝於三十四年十月二十一日，也就是西元一九〇八年十一月十四日，大約在下午五點到七點之間，在被囚禁的瀛台死去了。戊戌變法失敗以後，光緒帝被慈禧囚禁了整整十年。他這十年是怎麼過的呢？還有他謎一般的死因究竟為何，他的死和慈禧之死只相差了二十多個小時，留給後人無限的遐想和猜測。

光緒帝被囚禁的時候，慈禧派出了親信太監負責監視光緒，每天的情況都要向慈禧彙報。光緒帝經常坐在露臺上，雙手抱膝，愁思哀傷，或者睡在木床上苦思冥想。他曾經這

瀛台軔魚台

樣哀歎：「朕不如漢獻帝也！」漢獻帝就是西漢末年政治分裂時期的一個皇帝。大家都知道三國鼎立，魏、蜀、吳爭霸的歷史，那個時候，名義上的皇帝就是漢獻帝。他先是被曹操控制，所謂「挾天子以令諸侯」，他雖然名為天子，實際上是曹操操縱下的傀儡。後來，他又被曹操的兒子曹丕廢黜。他在位的時候，雖然沒有實權，可是帝王生活仍有保證，錦衣玉食；廢黜以後，他仍然是養尊處優的。而光緒帝是怎麼樣的呢？他在監視比較鬆懈的時候，偷偷地記日記，每天的點點滴滴都一一寫下來。根據慈禧的一個御前女官回憶，有一個姓黃的太監非常同情光緒帝的遭遇，每次向慈禧彙報以前，都要先和光緒帝通個氣，光緒帝覺得不妥的地方，他就不彙報。而且這位太監還默許光緒帝寫日記，代為保管，以防被人家發現。

很明顯，光緒帝要在有生之年再掌握實權，唯一的有利條件就是他還年輕，而慈禧已經步入暮年了。所以，如果再耐心地等一陣子，慈禧命歸西天的時候，也就是光緒帝出頭之日。可是，誰都沒想到，正值壯年的光緒帝，竟然先慈禧一步赴了黃泉。更具戲劇性的就是不到二十四個小時，慈禧也一命嗚呼了。天底下有這樣巧的事嗎？就連光緒帝去世的日子也有人懷疑。

我們知道，光緒帝臨終的時候，據說沒有大臣在旁邊伺候，而且連一個親人都沒有，沒有人為他送終。這樣一個貴為皇帝的人，實際上還不如一個平頭百姓。當時擔任日講起居注官的惲毓鼎，曾經在他自己寫的《崇陵傳信錄》中說：「十九號那天，太監們都到東華門去剪頭髮了，其中有一個太監說皇上駕崩了。可是，第二天，沒有什麼動靜。第三天，皇后去皇帝的寢宮，哭著出來說，皇上不知道什麼時候斷氣了。這才宣佈皇上死了。」按照這個記載，光緒帝在正式發佈「駕崩」的消息前兩天，事實上已經「魂歸西天」了。

年輕的光緒帝，死得比平民百姓還淒慘。臨終時，沒有一個親人或者大臣陪伴左右，連什麼時候斷氣的也無人知曉，這使得光緒帝的死眾說紛紜。那麼在光緒帝臨死前，有誰出現在他的身邊？而在這些人裡，誰會有謀殺的嫌疑呢？

關於光緒帝的死因說法很多，流傳最廣的是被害說。

被害說的一種，說是被袁世凱害死的。溥儀在《我的前半生》一書中，說過一個名叫李長安的太監告訴他，光緒帝在死前一天還好好的，吃了袁世凱派人送來的一帖藥，就一命嗚呼了。

還有一種說法，說是被李蓮英害死的。德齡公主在《瀛台泣血記》一書中，說李蓮英乘慈禧迷糊的時候，請求去看光緒帝。第二天，光緒帝便生了非常厲害的病，不到兩三天工夫，就進入了彌留狀態。

因此，傳說光緒帝臨死前，曾經召見他弟弟、攝政王載灃，要載灃為他報仇，把袁世凱和李蓮英兩個人明正典刑，也就是殺了。

這兩種傳說，實際上都是基於邏輯推理，於史無證，為什麼這樣說？既然袁世凱的告密造成了光緒皇帝被囚禁，既然李蓮英平日裡作威作福，對光緒帝很不好，他們眼見慈禧年歲已高，而且病入膏肓，將不久於人世，如果慈禧先死，光緒帝親政，他們就會受到懲罰，因此先下手為強，通過下毒藥將光緒帝小命送走。但是，我們現在回過頭來看，這種說法其實是沒有事實根據的，推理是站不住腳的。

因為戊戌變法的時候，袁世凱是否告密，到現在還不是確論。何況，如果沒有慈禧太后的允許，無論是袁世凱還是李蓮英，即使膽大包天，也不敢如此明目張膽地把皇帝毒死。

因此，害死說裡，最大的嫌疑就是光緒帝的姨媽慈禧。

光緒帝和慈禧這對君臣母子，自戊戌政變後，就一直處於對立的微妙狀態。巧的是，光緒帝死後二十多個小時，慈禧也死了。這不由令人對慈禧心生猜疑。莫非慈禧知道自己將不久於人世，為了消除後患，暗中下令將光緒帝殺害？

惲毓鼎曾記載說，有人告訴慈禧，說光緒帝聽說太后得病以後，面有喜色，慈禧聽了以後非常生氣，說：「我不能先你而死！」惲毓鼎的這個記載，就成了後人指認慈禧毒死光緒帝的依據。據慈禧親信侍從事後回憶說，慈禧聽說光緒帝死後，「不但不悲愁，反有安心之狀」，這種幸災樂禍的舉動，也被認為是慈禧毒死光緒帝的又一個證據。這樣一來，大家對於慈禧害死光緒帝的說法，就更加深信不疑了。

那麼，這兩條記載是不是屬實呢？

其實，根據宮中傳聞，從光緒三十四年秋天光緒帝生病以來，慈禧對待光緒帝的態度跟以前比起來，已經有了很大的不同。從前，光緒帝給慈禧請安，有的時候要跪上一兩個小時。後來，光緒帝有病，慈

光緒皇帝

禧就吩咐太監，皇帝請安不要讓他在外久候。還有上朝的時候，光緒帝要跪下迎接慈禧，現在也免了。值得一提的一個證據是，慈禧生日那天，光緒帝說他自己身體虛弱，恐怕不能夠過來磕頭請安。慈禧一向很重視自己生日的，像逢甲午戰爭那麼重大的國事，慈禧都不願意耽誤自己過生日，可是這次光緒帝說不能過來磕頭了，慈禧聽了以後反而說：「你保養身體要緊，我希望你病好，比叩頭重大得多。」這樣看來，慈禧在光緒帝生病的時候，對光緒帝還是很關心的。慈禧要害死光緒帝，我認為不是太有可能。

還有一個證據，末代皇帝溥儀也說過，慈禧害死光緒帝雖然有這種可能，但是他更相信：慈禧在宣佈他繼位光緒帝的那天，也就是宣佈光緒帝死那天，還不相信自己一天內也會死。因為在宣佈光緒帝死後的兩個小時，慈禧發佈懿旨任命載灃為攝政王時還說過：「所有的軍國大事，都要遵照我的訓示，才能施行。」也就是說，攝政王必須一切聽命於慈禧，大權還是掌握在老佛爺手裡的，這就證明慈禧根本不可能想到她會很快就死而搶先下手。此外，據第一歷史檔案館保存的慈禧死前的醫藥檔案，慈禧其實得的是慢性病，病情是逐步加重的，在光緒帝病危的時候，並沒有出現兇險的症狀，所以慈禧不可能因為擔心自己先死而搶先下手。

光緒帝被害還有第四種說法。曾經在清宮擔任御醫的曲貴庭，在民國期刊《逸經》第二十九期上發表文章說，光緒帝臨死前三天，他最後一次進宮為光緒帝看病。發現光緒帝本來已經逐漸好轉的病情突然惡化，他在床上亂滾，大叫肚子疼。曲貴庭雖然不能斷定是誰害死了光緒帝，但是他認為可以肯定光緒帝是被人暗中害死的。曲貴庭的這種說法，只能表明他對於光緒帝的死存有疑問，可實際上並沒有合理的證據。

光緒帝被毒死的四種說法，缺乏合理的史實證據，因此這些說法都是可以懷疑的。而史學界關於光緒帝的死因，主流觀點是自然死亡說。按照這個說法，光緒帝是死於何種病呢？

隨著目前學術界對檔案報刊資料的研究，光緒帝自然死亡說似乎成了主流。當然，自然死亡也有兩種說法：一種說是餓死，一種說是病死的。

先講餓死的說法，這個說法來自清宮太監的回憶錄《清宮瑣談》。據說，光緒帝本來沒有什麼大病，醫生開的藥方也是以調理為主。當時，在瀛台服侍光緒帝的六個人裡，有兩個人已經餓死了。光緒帝臨死前，在床上召喚周太醫，他兩眼大睜，用手指著口部。周太醫知道光緒帝饑餓，但是實在是沒有吃的，周太醫本人也三天沒有吃東西了。後來，光緒帝便漸漸地沒有了聲息。不久，醇親王進來，周太醫報告說皇上去世了，醇親王用鏡子試著皇上的氣息，確信已經死亡了。

這種說法，我認為難以信服，哪有皇帝沒有飯吃的道理？要知道，光緒帝雖然在幽禁中，生活清苦，但是飯還是有得吃的，每一餐都由太監送來，而且每天都要隨著太后上早朝，沒有飯吃，餓得走不動，怎麼能夠跟朝臣見面呢？

第二種說法是自然病死說，主要依據當年的醫生為光緒帝看病的病歷和光緒帝本人對病情的口述。我們知道，光緒帝從小被慈禧養在宮中，其他人不能夠接近，只有慈禧可以親近。但是慈禧的事情太多，對光緒帝的生活照顧不是很周到。有太監回憶說，光緒帝每天三餐，飯菜有幾十種，擺滿了整整一桌，可是離光緒帝遠一點的菜，連續好多天都不換的，大多數已經腐爛了；靠近光緒帝的，雖然沒有爛，但是也不是太新鮮，都是反覆加熱的，也不好吃。光緒帝要加菜，御膳房必須先告知慈禧。因為慈禧不知道光緒帝飯菜的具體情況，所以責備他鋪張浪費，不懂節儉，這樣光緒帝只好從小就挨餓。也因為這樣，光緒帝自幼身體很弱。

光緒帝在三十七歲的自述中說，自己已經遺精將近二十年，耳鳴也近十年了，腰酸背痛，稍稍遇到風寒必定頭痛。光緒二十六年（一九〇〇）的「脈案」記載，光緒帝的病情不斷惡化。從現代醫學角度分析，他好像患有嚴重的精神官能症、關節炎和骨結核以及血液系統的毛病。

光緒三十四年（一九〇九）的春天，他的病情已經十分嚴重，御醫也束手無策了。慈禧下詔徵集江蘇名醫陳秉鈞、曹元恒等進京為光緒帝看病。緊接著又向全國各地廣徵名醫，並且要求速速貢上藥材。三月初九日，曹元恒在醫案當中寫道：皇上肝腎陰虛，脾陽不足，氣血虧損，已經無藥可救。所以他只開了一些調理藥。五月初十，陳秉鈞在「脈案」裡寫，「調理多時，沒有一點療效」。光緒帝對自己的病情日益加重也非常著急，他曾經斥責御醫無能，說他們敷衍了事：「每次看脈，忽忽頃刻之間，怎麼能把病情詳細推敲呢？他們不過是敷衍了事而已。素號名醫，怎能如此草率！」這是光緒帝罵他們的話。

當時江蘇名醫杜鐘駿，七月的時候進宮為光緒帝把脈後，對人家說：「我這次進京，滿以為能夠醫治好皇上的病，博得一個好名聲。今天看來，徒勞無益，不求有功，只求不出差錯罷了。」

進到十月中旬，光緒帝的病情繼續惡化，出現了危險症狀。杜鐘駿對朝臣說：「此病不出四天，必有危險。」二十日，光緒帝眼皮微睜，很難睜

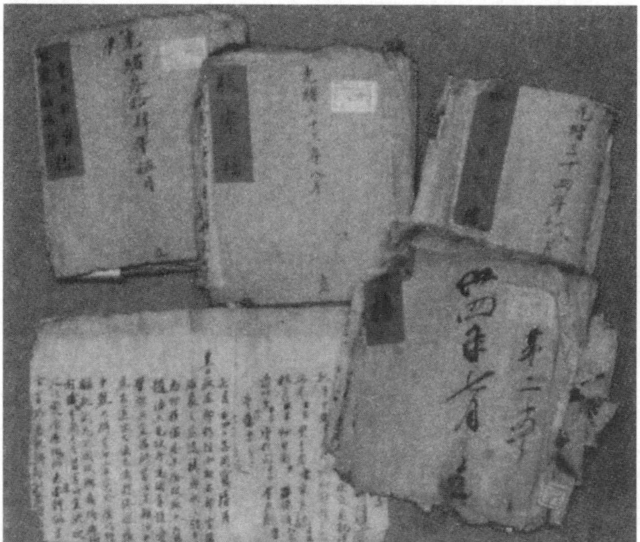

光緒用藥檔案

開，流著口水的嘴角輕輕地顫抖。當天夜裡，他就進入彌留狀態，神志不清。二十一日中午，脈搏似有似無，眼睛直視，張著嘴倒吸氣；到了傍晚，氣絕身亡。

我們從現代醫學來看，光緒帝主要是肺結核、肝臟、心臟以及風濕這些病症長期慢性發作，導致他的抵抗力下降，出現了多種併發症，最後導致心肺功能的衰竭。可見，光緒帝病狀是一步步惡化的，應該屬於正常死亡。

另外，當時《申報》對光緒帝的病情也很關注，連續報導三十多次，並且多次刊出醫生的「脈案」，包括御醫在內的脈搏記錄，以及服用的藥方。表明光緒帝從這一年夏天起，病情是逐漸加重的。所以這樣看來，光緒帝的死應該是屬於正常病死。

無論是被害說還是自然死亡說，光緒帝的死與他所處的環境有著不可忽視的關係。光緒帝

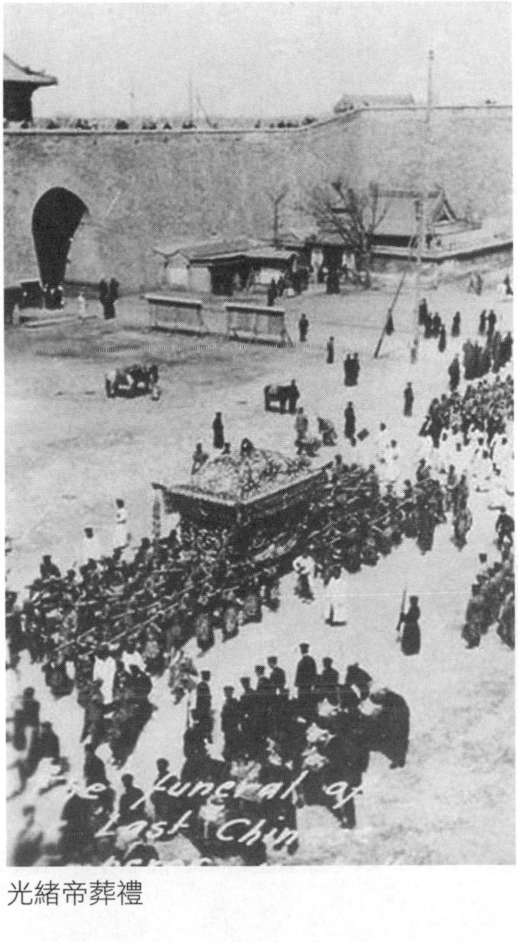

光緒帝葬禮

在慈禧的壓制下，身心遭受摧殘，變法失敗後，又被慈禧囚禁，時刻處在驚恐憂慮之中。所有這些對加重他的病情，使他英年早逝，起了很大的作用。

無論如何，光緒帝是死了，因此慈禧也就代他發佈了遺詔：

朕躬氣血素弱，自去歲秋間不豫，日以劇增，陰陽俱虧，以至彌留，豈非天乎！

詔書宣告自己從去年秋天以來，身體有病，天天加劇，陰陽虧損，以至於彌留，為了皇統，決定以攝政王載灃的兒子溥儀入承大統，各省督撫務必要按照籌備立憲事宜來切實辦理。

光緒帝崇陵牌樓門

光緒帝死時僅三十七周歲，他一生可以說是幾乎沒有過過舒心的日子。他親政以後，雖然想有所作為，但是終於無力回天。這固然與慈禧大權獨攬，發動血腥政變有關，但是也跟他從小生性柔弱，屈服於太后的壓力，不敢以君臨天下的權威自任，過於謹小慎微有關。所以他雖然有變法的願望，但是缺乏治國用人的政治經驗。他不懂得欲速則不達的道理，用了一批急躁冒進的新人，想一口氣吃下熱粥，新政措施想一攬子推行，而結果事與願違，百日新政很快失敗，這就使人無限惋惜。不過，他畢竟是晚清史上想振興國家、變法圖強的一個有為皇帝，他的歷史地位是無可動搖的。套一句俗語：「哀其不幸，怒其不爭。」而他的命運可以用「哀其不幸，恨其不爭」八個字來概括。

光緒帝死了以後，慈禧確定了光緒帝的侄子、只有三歲的愛新覺羅•溥儀入承大統，這就是末代皇帝，年號宣統。選擇溥儀，慈禧好像還想做垂簾聽政的女皇，但是她哪裡知道，自己也很快去陰曹地府報到了。或者倒過來，從另外一個角度講，或者她預感到自己將不久於人世，在行將就木以前，趕快確立新的皇帝人選，這樣做，也算是為清王朝的皇統做了最後一件大事。

女主歸天

光緒帝駕崩的這天，七十四歲的慈禧還在匆忙料理著光緒帝的身後事，沒想到，第二天她也匆匆地告別了人世。慈禧為何會突然去世？臨終之時，她是如何看待自己近五十年的統治的？她又是如何佈置自己的身後事的？

女主歸天

西元一九〇八年十一月十四日，也就是在光緒皇帝駕崩的這一天，七十四歲的慈禧，還在匆忙料理著光緒帝的身後事，沒想到，第二天她也匆匆地告別了人世。慈禧為何會突然去世？臨終之時，她是如何看待自己近五十年的統治的？她又是如何佈置後事的？

光緒三十四年十月二十二日，也就是西元一九〇八年的十一月十五日，光緒皇帝駕崩的第二天下午，慈禧也在中南海儀鑾殿命歸黃泉，結束了她在晚清政壇將近五十年的統治。我們知道，慈禧的身體其實並不健康。早在年輕的時候，就有月經不調之症，以後，她又患上了更年期綜合症，咳嗽、喘咳、痔瘡、腹瀉、腸胃不適等病症也曾經光顧過她。西元一九〇七年七月，她的病情有加重的趨勢。慈禧是十月初七日過的七十三歲生日。這一天白天，慈禧參加了一天慶典還有宴會活動，晚上她依然興致勃勃地看了一場戲。我們知道慈禧是一個京戲迷，看戲是她晚年最主要的娛樂活動。這一次，從初十日到十五日，連續六個晚上，她都在西苑的頤年殿看戲。這個生日慈禧過得非常高興，她對自己的長壽很有自信，所以她穿上了觀音菩薩的衣服，扮觀音娘娘。晚年的她常常喜歡穿觀音的衣服，我們看到有一張留下來的照片，就是慈禧扮觀音，李蓮英扮韋陀。慈禧生日的這次扮觀音遊昆明湖的活動，使得她著了涼。慈禧的身體狀況，從她祝壽的這一天出現了關鍵的轉折。

十九號，清史的資料裡記載說，慈禧已經是常常咳嗽，引起腹瀉，小肚子作痛，所以她的身肢懶倦無力。這一天，她吃得很少。但是慈禧依然神采奕奕地召集群臣開會。原來，當時光緒皇帝病情日漸危急，慈禧開始考慮立嗣了。她打定主意立醇親王載灃為攝政王、載灃的兒子溥儀作為皇嗣子。慈禧這時候，還沒有意識到自己將不久於人世，她還想繼續垂簾聽政。

二十一號，光緒帝去世，慈禧連續頒佈三道懿旨：

第一道，宣佈溥儀為嗣皇帝。

第二道，宣佈溥儀承繼同治皇帝為嗣，並兼承光緒皇帝之祧。

第三道，表達了慈禧要繼續垂簾聽政的想法，

幼年溥儀

攝政王載灃及宣統帝溥儀

所有軍國政事，全部要秉承她的訓示，然後才能實行。

晚年的慈禧雖然身體欠佳，但是對於極權的留戀使得她強撐著依然料理朝政，而且對自己的長壽信心百倍。即便是在光緒帝駕崩後，她仍然雷厲風行地頒發多道懿旨，以表明帝國依舊在自己的牢牢掌控之下。

三道懿旨布下以後，慈禧的身體就急轉直下。第二天，慈禧像往常一樣六點鐘起床，召見軍機大臣以及皇后、監國攝政王和福晉等，和大家談了很久的話。到了中午的時候，正在吃著飯，忽然暈了過去，很久沒有醒過來。後來，太醫來治，慈禧逐漸甦醒。她自己覺得身體不支，但是她不改女強人本色，仍然一一點出了重要大臣的名字，還要召見這些人，安排後事，並且發佈了懿旨，說：「昨天已經頒下了旨意，命醇親王為監國攝政王，處理國事。現在我自知病重，將不久於人世，此後的國政，完全交付給醇親王，如果有重要事情，還需要向皇太后稟詢。」這個皇太后就是指慈禧的侄女、光緒帝的皇后。慈禧病危之際依然想把權力交給醇親王載灃，表現得非常冷靜，但是她同時又留了一個尾巴，遇有重大的事件，必須請示隆裕皇太后。傳達懿旨以後，慈禧體力漸漸不支，進入了彌留狀態。御醫張仲元、戴家瑜先後三次入診，但是，妙手無法回春。慈禧在下午兩點三刻逝世。

慈禧在遺誥中說，自己一生三次垂簾聽政，都是出於不得已。作為職掌中國大權四十七年之久的慈禧太后，她臨終的遺言可以說是出人意料。裡面有這樣幾句話：

以後勿再使太后預聞國政，此與本朝家法有違，須嚴加限制，必須嚴防。不得令太監攬權，明末之事，可為殷鑒。

儘管溥儀很小，隆裕皇后成了皇太后。但是慈禧規定，不讓皇太后預聞國政，因為這樣做，是有背本朝家法的，要加以嚴格的限制。第二個方面，就是不讓太監攬權干政，明朝末年太監作威作福干政的事情可以作為我們的借鑒教訓。她儘管身體非常不好，但是她的遺詔裡面，卻是寫了這樣兩個「不」。我們看到，這個時候，遺詔裡對於皇太后的權力以及太監干政的問題，她都有清醒的認識。

根據慈禧的脈案分析，慈禧屬於正常死亡。如果說她突然死亡有什麼誘因的話，很可能就像她的遺誥裡所說的，是因為光緒帝之死使她「悲從中來，不能自克，以至於病勢加重，遂致彌留」。也就是說，光緒帝的死使她非常悲傷，以至於加重了病情，一直到她的彌留。不過這句話可以從兩個方面去理解：一個方面，光緒皇帝死了，她感到很難受，很悲痛，這使她的病情加重，這是一種解釋；還有一種解釋，就是因為光緒皇帝已經死了，她的政敵已經沒有了，心病已經去了，所以頓時沒有後顧之憂，原本非常緊張的精神為之一鬆，使得強自支撐的病體也跟著垮了下來。這兩種解釋都可以。

當然，慈禧遺留給宣統的爛攤子，載灃並沒有能力維持，僅僅三年不到，清王朝就在武昌起義的槍聲中轟然倒塌了。

慈禧去世了，這位極具傳奇的女強人，生前享盡了榮華富貴，死後也極盡奢華。生前搜羅的無數珍寶陪伴她葬入墳墓，也因此遭受了多舛的命運。陵寢被盜，連遺體也不得安寧。

慈禧生前傳奇，死後依然傳奇。她的遺體在長達七十六年的時間裡面，曾經先後三次殮入同一口棺材。第一次入棺，是在光緒三十四年，也就是一九〇八年十月二十三日，慈禧死後的第二天，在隆裕皇太后和瑾妃的敬視之下，慈禧的遺體殮入了棺材。一年以後，慈禧的梓宮葬入了菩陀峪的定東陵地宮。

慈禧的陵寢佈置得非常可觀，奇珍異寶之多讓人歎為觀止。我們先說慈禧的棺材。慈禧的棺材非常重，它的木料來自雲南深山老林，光路費就花費數十萬兩白銀。棺材成型以後，先用一百匹高麗布纏襯襯墊，然後油漆七七四十九次。她的棺材裡面鋪有錦緞，鑲有大小珍珠一萬二千六百零四粒，寶石八十五顆，祖母綠二塊，白玉二百零三塊。錦褥上面又鋪了一層繡滿荷花的絲褥，絲褥上面佈滿了五分重的圓珠，一共是二千四百粒。她的頭部前面安裝了一個二十二兩多重的翡翠荷葉，她的腳部放置了一個重三十餘兩的碧璽大蓮花。入棺以後，慈禧就能頭頂荷花，腳蹬蓮花，寓意「步步生蓮」，進入西方極樂世界。

慈禧生前穿金戴銀，死了以後，壽衣當然也不能含糊。所以慈禧身上穿了多層壽衣，光是金絲串珠絲繡禮服和外罩的繡花串珠這兩件壽衣，就用了大珍珠四百二十粒、中珍珠一千粒、小珍珠四千五百粒、

慈禧菩陀峪東陵隆恩殿

寶石一千一百三十五顆。她身上蓋的織金陀羅經被，被子用明黃的綢緞撚金織成，織有陀羅經文兩萬五千字，並且綴有八百二十粒珍珠，經被上面還覆有一層綴有六千粒珍珠的被子。她頭戴鑲嵌珍珠寶石的鳳冠，冠上一顆外國進貢的珍珠大如雞蛋，可以說是稀世珍寶。而且慈禧口中還放入了一顆夜明珠，身體的左面放玉石蓮花，身體的右面放玉雕的珊瑚樹，此外還有各種各樣的奇珍異寶。據說，寶物殮葬完畢以後，送葬的人發現棺內還有空隙，於是，又倒進了四升珍珠和二千二百塊紅、藍、祖母綠的寶石。

慈禧陵出土的玉白菜

除了棺材內的隨葬品，慈禧陵墓的地宮更是價值連城。據清宮檔案記載，慈禧生前先後向地宮投放了六批珍寶。

這麼多的奇珍異寶，使得盜墓賊垂涎三尺，虎視眈眈。果然，一九二八年七月，國民革命軍第十二軍軍長孫殿英就盜掘了慈禧的陵墓，同時還有乾隆帝的裕陵。他毀棺拋屍，掠走了全部隨葬的珍寶。為了沒有一點遺漏，孫殿英下令卸去了慈禧的龍袍，將貼身珠寶搜掠一空。

盜案發生以後，溥儀派人到東陵進行重新安葬。來到地宮的人看到的實在是一派令人不堪的淒慘景象。慈禧在地宮已經暴屍四十多天，遺體上出現了許許多多的斑點和白毛。大家看到內棺還可以繼續使用，就用如意板把慈禧的遺體抬入棺內，在遺體上蓋了一件黃緞被，又把慈禧的一件黃緞的袍子、一件坎肩蓋在被子上，蓋上棺蓋，用漆封上了棺口。這就是慈禧死後二十年的第二次入棺。

東陵盜墓案敗露以後，激起社會的強烈不滿。孫殿英對東陵盜墓這件事，知道隱瞞不了，於是他直言不諱，說：「慈禧太后的墓被崩開以後，墓室不及乾隆大，但是隨葬的寶物就多得記不清了。慈禧的口裡含有一顆夜明珠，分開是兩塊，合攏就是一個圓球。分開的時候是透明無光，合攏的時候就透出一道綠色的寒光，夜間，百步之內可以照見頭髮。聽說這寶貝可以使身體不化，難怪慈禧的棺材劈開以後，老佛爺像睡覺一樣，只是見了風，臉才發黑，衣服也有些上不得手了。」

所有隨葬品中間，最具傳奇色彩的應該就是慈禧口裡含的這顆夜明珠了。據說孫殿英盜走夜明珠以後，為了討好蔣介石而把它送給了宋美齡。不過這件事有沒有，仍然是個疑問。當年其他隨葬的稀世之寶，大多散落人間，不知所終。

那麼，慈禧第三次入棺是在哪個時候呢？一九七九年二月十七日，清東陵文物保護管理所對慈禧的地宮進行了清理。清理小組打開棺蓋以後，看到一條黃緞大被把棺內蓋得嚴嚴實實，被上蓋著兩件衣服。取走黃緞被以後，慈禧的遺骸呈現在眼前，臉部以及上身用黃綢包裹著，下身穿著褲子，褲子上面繡滿了「壽」字，一隻腳穿著襪子。整個遺體還算完整，全長是一百五十三公分。清理小組用她身底下的如意板把遺體從棺中抬出，在棺內噴灑防腐消毒的藥液，然後又把慈禧的遺體抬進棺內。這是慈禧死後第三次被抬入這口棺材。現在，慈禧的遺骸仍然完整地躺在棺內，保留著一九二八年重殮時的狀態。

這位掌管大清江山近四十七年的慈禧，究竟是一個什麼樣的人？她為何能在男人主導的專制王朝裡屹立不倒？對慈禧這個深刻影響中國近代社會的女性，筆者又會有自己怎樣的評價呢？

慈禧作為晚清政治女強人，統治清王朝四十七年。在中國歷史上，以一個女人臨朝稱制，統治那麼長的時間是絕無僅有的事。可以說，是開創了清王朝的「慈禧時代」。

在慈禧當政的四十七年中，雖然仍是專制腐敗，民不聊生，但是設工廠、造輪船、修鐵路、辦學堂、派留學生、辦新軍等等，都在陸續地進行。到二十世紀初年，她甚至還想進行政治體制改革。當然這些措施主觀動機怎麼樣、實施效果怎麼樣都可以討論，但是這些措施畢竟使中國走出了中世紀，實現了近代化。

慈禧的時代也是一個不同於以往的自我封閉，力圖面向世界的新時代。慈禧當政以後，外國公使駐京，中國派出駐外使節，理藩院以外有總理衙門，後來又把總理衙門改為外務部。雖然說從「天朝自大」一變成了崇洋、媚洋，但中國畢竟和世界連在一起了。

鳳上龍下的丹陛石

慈禧這個時代，更是一個不同於以往思想禁錮，新學盛行、新潮迭起、思想啟蒙的新時代。

當然，慈禧當政期間，對內培植親信、排斥異己，她扼殺維新運動、鎮壓民主革命；對外往往妥協求和，甚至於「量中華之物力，結與國之歡心」，成了「洋人的朝廷」，因此她受到了時人和後世的嚴譴。但是如果我們從時代變化、社會變遷的角度著眼，我想對於這樣一個掌權的女人和這個女人掌權的時代，恐怕還要需要作深入的分析和討論。

慈禧主政的時代，它的許多改革是前所未有的，是歷史的進步，應該予以肯定。從慈禧這個人來說，她不是政治家。在我看來一個政治家必須要瞭解世界大勢，在內外政治運作中間有明確的方針、政策，有切實的計畫步驟；她沒有，她只是隨意而為，甚至為一己的私利，翻雲覆雨，所以她只是一個手握大權的政治女強人。但她能夠在男尊女卑的傳統觀念下，勇敢地站出來，以女主臨朝稱制，使得清王朝起死回生，維持了近半個世紀，這就不能不使後人深思。

當然，這中間她弄了一些小權術，有著強烈的權勢欲，我認為這些都可以理解。這些不是評價歷史人物的標準。真正評論歷史人物的標準，我認為，應該看她比前人多做了一些什麼，所做的是否有利於社會穩定、推動歷史前進。實事求是地分析，我認為慈禧是一個有功又有過，對於歷史前進有利又有不利的人物。以往把她一棍子打死，一概罵倒，我認為是不可取的，這不是知人論世的態度。

學術是天下的公器，只有通過學術爭鳴，學術才能進步。我這些看法，只是供大家參考，對不對大家可以討論。

訪問錄

告訴大家一個真實的慈禧

主持人李耐儒：沈老師，您自己是從什麼時候開始研究慈禧這個人物的？

沈渭濱：我研究慈禧這個人已經很久了，追溯起來大概是在二十世紀七〇年代的後期。我為什麼要研究她？因為我是教近代史的，按照過去傳統的說法，中國近代史從一八四〇年到一九一九年一共是八十年的歷史。這八十年中慈禧統治清王朝將近半個世紀，要講好近代史必須要對統治清王朝那麼長時間的晚清政治女強人加以注意，所以我從七〇年代後期開始研究慈禧，斷斷續續算到現在恐怕也有二十多年、將近三十年的了。

主持人：按照以往我們接受的教育所得到的認知，慈禧是一個賣國賊，是一個禍國殃民的人，您的這部書試圖告訴我們一些什麼東西呢？會改變這樣的觀點嗎？

沈渭濱：我主要想告訴大家一個真實的慈禧。慈禧這個人，她的一生做了很多的事情，其中有許多誤國誤民甚至妥協賣國的，但她同時也做了一些推動歷史進步的事。如果人們只是看到前面一個方面，不看到慈禧曾經做過對社會進步有利，對於歷史進步有利的事的話，那麼對慈禧的評價、對慈禧的看法就不一定符合真實的歷史，所以我想要告訴大家的是，慈禧是一個什麼樣的人。我首先把她的所作所為擇要地真實地還原出來，很少加個人的評論，讓大家根據真實的歷史自己來評價慈禧。要實事求是、客觀公正，不要採取歷史虛無主義的辦法，一棍子把她打死。

主持人：在您的研究當中，您認為在慈禧的一生中，她有可能是推動歷史進步的，或者說她有功於清王朝的做法主要有哪些方面？

沈渭濱：從清王朝的角度來講，她一個很重要的功績就是，在她當政時期削平了太平軍和捻軍，使得瀕臨死亡的清王朝起死回生。這件事，她的丈夫咸豐帝沒做到，她的公爹道光皇帝也沒有做到，而是由她完成的。我認為這對清王朝進入「同治中興」是一個很大的功績。從社會發展的角度來講，當時的中國正處在世界歷史不斷向前發展的時代，如果清王朝依然是故步自封，閉關自守，那麼中國將和世界脫離得更遠更久。而慈禧當政的時代，做了許多後人應該加以注意的事，比如她默認和支持洋務運動。洋務運動期間的造船、練兵、購艦、造炮、造鐵路、派留學生等等，這些事情都是在慈禧認可支援之下進行的。

主持人：雖然說是被動的，但至少她支持它。

沈渭濱：對，儘管不是她主動提出來，是臣下提出的，但她作為最高統治者沒有加以否定，而是讓他們這樣做，這對於社會進步、歷史進步是有利的。從時代的角度來看她搞新政，搞預備立憲，想改變中國政治體制，這些都是前人沒有做過的事。儘管她的本意是為了清王朝的長治久安，而且步履緩慢——宣佈九年以後再辦憲政，但是不管怎麼說憲政觸動了封建體制的根本，應該給予肯定。這些重大的事件我認為對於評價慈禧都不應該忘記，都應該在評價她一生的作為中算進去。至於收復新疆、收復伊犁、保衛臺灣、援越抗法等都不應忽視。這樣我們就可以對她有一個比較客觀公正的評價。

慈禧不是一個可以徹底翻過來的人物

主持人：說到客觀公正，剛才您講到了慈禧有功於清王朝的一方面，對社會進步作出的一些貢獻，那麼她在哪些方面您認為確實是我們需要批判的？

沈渭濱：那當然有。她作為一個最高的統治者，在她治理之下，清王朝以前遺留下來的傳統弊端，基本沒有改掉，仍然吏治腐敗，民不聊生，崇尚綱常，妥協賣國。所以我的意見是，慈禧這個人儘管對清王朝長治久安、起死回生有功，儘管做了一些推動歷史前進、時代前進的事，但是她仍然有許多不足、錯誤和罪過。應該受到譴責的地方不少，其中最重要的是一九〇一年的《辛丑合約》，這個條約使中國遭受了非常深重的災難，所以慈禧不是一個可以徹底翻過來的人物，她是翻不過來的。我認為她是一個歷史上的「問題人物」。我現在做的僅僅是讓人家比較全面地、客觀地瞭解慈禧是一個什麼樣的人。對她的評價，人們將會有不同的看法，不可能是一錘定音的，我只講了我的意見。

主持人：在我們此前的瞭解當中，對慈禧於清王朝有功或者有利於社會進步這方面，大家可能瞭解得很少，通過您的這本書，使我們對慈禧有了更多的瞭解。那麼從慈禧這個人物的介紹中，我們是不是可以得到某種啟發，即我們應該怎樣正確去認知歷史上的一些人或事？

沈渭濱：我想慈禧可以說是一個典型。我們評價一個歷史人物，要評價他什麼，以什麼標準來評價他？像慈禧這樣的人過去主要是強調她的權勢欲，強調她的政治伎倆，也就是從道德層面對她進行評價。我認為這不是真正評價歷史人物的標準。評價一個歷史人物要知人論世，瞭解他的為人，瞭解他所處的時代，瞭解他比前人多做了些什麼，而做的這些事對社會發展是不是有利，對歷史前進是不是有利，這是我們評價歷史人物很重要的標準。我們不能夠脫離這個標準用現代人的看法去反思前人，這樣做我認為是苛求前人。前人不是生活在我們這樣一個時代裡面，他怎麼會有像我們這樣的意識？所以我要通過這本書，讓讀者瞭解慈禧是一個什麼樣的人，她做了哪些對清王朝長治久安有利，對社會發展有利，對歷史進步有利的事；她做了哪些錯事、壞事，讓觀眾自己來對慈禧作出客觀的評價。

主持人：我們也在想一個比較有趣的話題，歷史上有過武則天，她變成一個女皇帝，慈禧她統治清王朝也將近五十年，從您對她的歷史分析中看，您認為她有過這樣的想法嗎？就是做一個女皇，而不是一個垂簾聽政的女主？

沈渭濱：我認為沒有，我認為慈禧壓根沒有想做女皇，她不可能成為武則天。有這樣幾個理由，第一，慈禧所處的時代和武則天所處的時代不一樣，一個很重要的就是社會價值觀。武則天所處的那個時代男尊女卑的思想還不是很嚴重，還是容許女人做皇帝的。慈禧那個時代不行了，男尊女卑的思想從宋朝開始就非常嚴重，而清王朝是以宋明理學作為它的官方哲學的，所以到了這個時候社會的觀念是根本不可能跟前面相比的。第二條，慈禧這個人是非常注重家法的，你不要看她這個也破壞了，那個也破壞了，但在根本一條上她不敢動，這一條就是清王朝是愛新覺羅的王朝，是列祖列宗打出來的天下，代代相傳到慈禧這個時候已經兩百多年了，誰也不認為可以有別的姓來替代愛新覺羅。慈禧深知這一條，所以她對這個根本大法不敢破壞，要千方百計維護它。她不可能取代愛新覺羅，讓葉赫那拉變成清王朝新的統治者。第三條，她也用不到再做女皇，她實際上就是一個女皇，只不過沒有名號而已。她垂簾聽政，大權在握，哪個人都超不過她，她的權勢已經達於鼎盛。還政光緒以後，她實際上已完全享受了像乾隆皇帝那樣太上皇的待遇，變成太上皇太后。所以慈禧不論從時代來講，從她個人來講，從王朝來講，她完全沒有做女皇的心思。別人也經常問我為什麼她不做女皇，我說不可能做女皇的，她也不想做女皇，她實際上是已經像女皇一樣的皇太后。

主持人：我們從同治帝、光緒帝、宣統帝幾個皇帝看，他們好景不長，您認為其中的原因是什麼？還是這幾個皇帝確實比較弱？

沈渭濱：同治、光緒這兩朝時間都不長，同治只有十三年，光緒長一點三十四年。而且同治皇帝是清代歷史上最不肖的皇帝，他沒有學問，文化程度非常差勁，連奏摺都不一定讀得懂的人，親政以後不到三年患病死掉了。這個時間裡面他能做什麼？當然是由垂簾聽政的太后來掌權。光緒皇帝優柔寡斷，對慈禧又心生敬畏，即使親政之後，重大的事情也仍然由太后來決定。

主持人：我有一個假設，如果同治帝、光緒帝確實能成事也像那麼回事，您認為慈禧會歸政給他們嗎？

沈渭濱：她一定會歸政，她在垂簾聽政的時候很明確地宣佈這件事是不得已而為之，兒子很小，當時也確實需要有這樣一個強人出來，所以由她替代他，等到皇帝結婚以後還政。在還政的過程中，一開始大臣們都不願意她還政，希望她繼續做下去，但是她一定要實現諾言，所以她還是還政了。光緒帝也是這樣，從小進宮，在她的教養之下。後來成長了，大婚之後就還政了。當時光緒帝和王公大臣懇請太后暫緩還政，但是她不幹，她仍然是把政權還給皇帝。所以慈禧在這個問題上是信守諾言的，這不是我個人對她怎麼好的評價，而是歷史事實本身就是這樣。她確實是信守諾言還政的，如果她不還政又怎麼樣？按照她當時的權勢，她完全可以不還政，但是她還政了。所以慈禧這個人還是比較有分寸地掌握著清王朝的權力，知道她應該走到哪裡，這一點也是不容易的。

主持人：從一個女人角度來講也是不簡單的。慈禧晚年也想嘗試推行新政，也想嘗試向西方學習，預備立憲，但最終這些都失敗了。按理說這應該都是好東西，有利於社會進步、時代進步，最終為什麼又會失敗呢？

沈渭濱：失敗有兩個原因，我先說第一個清王朝這方面的原因。要知道新政也好，預備立憲也好，並不是慈禧真正認識世界形勢必須這樣做而推出來的，而是有特殊原因的。這個特殊原因我在書裡已經說過，一方面是由於外國帝國主義對她施壓。那個時候清王朝已經成了洋人的朝廷，她必須要聽洋人的話，實行新政。第二，從歷史發展形勢來講，她儘管要推新政，行立憲，但是整個歷史的腳步要比她快得多。當時的老百姓，特別是那些激進的知識份子已經不是要你立憲的問題了，已經是要推倒你的問題了，所以當時整個時代潮流是民主革命思潮，而不是預備立憲。也就是說她的措施儘管是順著潮流走，但是腳步很慢，有點像小腳女人，而老百姓要衝到前面了，這樣她就落後於時代的潮流，這在中國近代歷史上是非常典型的。人民群眾的民主共和思潮超越了統治者的改革預想而把統治者推翻。所以中國走向共和不是由慈禧和皇朝的那批官僚，而是以孫中山、康有為、梁啟超這批人為首的，特別是孫中山為首的革命派把中國推向共和的，所以在這個問題上我們要有清醒的認識。我們一方面肯定慈禧她這樣的做法是進步的，但是同時又指出她落後於當時社會潮流前進的步伐，與潮流脫節，這樣她就沒有辦法繼續走下去而被革命拋棄掉。辛亥革命的成功和南京臨時政府的成立，是孫中山為首的革命黨取得的勝利，也是歷史的選擇。而不是個人的一種權欲所能夠解決的。

國家圖書館出版品預行編目 (CIP) 資料

政治鐵娘子：慈禧太后 / 沈渭濱著 . -- 初版 . --
臺北市：風格司藝術創作坊, 2015.03
面； 公分
ISBN 978-986-6330-89-6(平裝)

1.(清) 慈禧太后 2. 傳記

627.81　　103027942

政治鐵娘子——慈禧太后

作　者：沈渭濱
編　輯：苗　龍
發 行 人：謝俊龍
出　版：風格司藝術創作坊
106 台北市安居街 118 巷 17 號
Tel：(02) 8732-0530　Fax：(02) 8732-0531
總 經 銷：紅螞蟻圖書有限公司
地址：台北市內湖區舊宗路二段 121 巷 19 號
Tel：（02）2795-3656 Fax：（02）2795-4100
http://www.e-redant.com
出版日期：2015 年 04 月　第一版第一刷
定　價：280 元

ISBN 978-986-6330-89-6　Printed in Taiwan

Knowledge House & Walnut Tree Publishing

Knowledge House & Walnut Tree Publishing